GUIDE DE SURVIE CHEZ LES CH'TIS

Franck van der Velde

Dessins de Bélom

City Editions

Couverture : illustration de BELOM

ISBN : 978-2-35288-171-1
Code Hachette : 50 5706 2

Collection dirigée par Christian English & Frédéric Thibaud

Catalogues et manuscrits : www.city-editions.com

Dépôt légal : premier semestre 2008 - N° 81105/
Imprimé en France par France Quercy, Mercuès

Sommaire

Un ch'ti mot pour commencer... 5

Pou cheux qu'ont fait queuette 7
(Considérations historiques et géographiques)

Les Ch'tis chest commint ? 29
(Considérations sur les habitudes des Ch'tis et leur quotidien)

Qui veut gagner des millions... de copains ch'tis ? 55

Les traditions ch'tis - Canchons & proverp's 107
(Chansons et proverbes)

Eun'ch'tite rigolat' 143
(Rions un peu avec l'humour ch'ti)

Al'gargotte 179
(La bonne cuisine ch'ti)

Un ch'ti peu de culture... 189

Flaminquer ch'ti 197
(Lexique du Ch'ti)

UN CH'TI MOT POUR COMMENCER...

L'année 2008 a vu la réhabilitation du peuple ch'ti, cette communauté du Nord et du Pas-de-Calais qui a longtemps été délaissée par les médias.

Moins glamours que les bimbos du Sud, moins expansifs que les rugbymen du Sud-Ouest et moins secrets que les pêcheurs bretons de la côte d'Emeraude, cette tribu bien spéciale est avant tout un peuple qui possède traditions, us et coutumes riches en histoire et en sentiment humain.

Connaître les Ch'tis, c'est aussi se connaître un peu mieux soi-même et découvrir les joies de la fraternité, de l'accueil et de la tolérance.

Apprenez donc à reconnaître les Ch'tis et à sympathiser avec eux, à découvrir leur culture, à parler quelques mots de leur langage et à entonner les meilleures chansons à boire ou à sortir leurs blagues préférées !

Ce guide vous invite aujourd'hui à un véritable voyage textuel. En effet, ce manuel vous permettra de « survivre » en pays ch'ti, et pour les plus doués d'entre vous, de vous fondre dans la population de nos amis du Nord.

Il donnera également, nous l'espérons, l'envie à chacun d'entre vous d'aller découvrir les richesses de la merveilleuse région Nord-Pas-de-Calais. Alors oubliez votre accent, vos habitudes, serrez bien fort votre ceinture, vous êtes paré pour commencer le voyage Bienvenue en pays ch'ti.

CINQ BONNES RAISONS D'ALLER DANS LE NORD :

1. Y a plus au nord que le Nord. La Hollande, par exemple.
2. Votre Peugeot 205 turbo y est l'équivalent d'une Ferrari.
3. En une heure en TGV de Paris, vous êtes complètement dépaysé.
4. Il coule de la bière dans les robinets.
5. La coupe de cheveux de Tony Vairelles y est encore usitée.

POU CHEUX QU'ONT FAIT QUEUETTE

(Considérations historiques et géographiques à l'usage de ceux qui ont fait l'école buissonnière)

« Euch'Nord chest biau, chest grand, mais vaut mieux ch'en écapper. (Les beautés inénarrables du Nord méritent qu'on les quitte pour mieux les retrouver.) »

Mahatma Gandhi après son départ d'Armentières

Le Nord-Pas-de-Calais est une légende. En France, en Belgique et même en Hollande, on considère cette large région constituée de deux départements comme un des bastions d'un certain esprit, celui du Gaulois qui résiste envers et contre tout à l'envahisseur.

Pour preuve, les hostiles pavés qui parsèment la route de Paris à Roubaix (surtout vers Roubaix), mis là exprès pour déglinguer les articulations de tout cycliste qui n'est pas des Flandres. Mais attention, les Ch'tis ne résistent pas qu'aux cyclistes dopés à autre chose qu'au picon bière ou à la Jupiler, ils résistent à TOUS les envahisseurs !

Que ce soient les anglicismes, l'hégémonie de la culture parisienne, l'esprit individualiste moderne ou la globalisation, tout semble s'être arrêté aux portes de ces deux départements...

Ch'Nord et Po-de-Colais
(Le Nord-Pas-de-Calais)

Le département du Nord, c'est 5750 kilomètres carrés pour à peu près 2 300 000 habitants et un nombre de bistrots (euh, pardon, d'estaminets) que l'INSEE et la Chambre de commerce n'ont toujours pas réussi à déterminer.

Les rumeurs parlent de un pour trois habitants dans les régions les moins peuplées, mais ça reste une rumeur sans doute colportée par des mauvaises langues à l'accent pointu.

Avec une préfecture comme Lille (et ses 250 000 habitants), le Nord possède un véritable rayonnement qui tient aussi bien à l'accueil légendaire de ses habitants qu'aux diverses activités proposées par la grande métropole lilloise.

C'est même dans le Nord qu'on a la première fois utilisé le terme de « conurbation » (des espaces urbains qui se touchent sans discontinuité) en parlant du trio Lille-Roubaix-Tourcoing... Il est vrai que le terme conurbation a provoqué quelques remous dans les queues d'épicerie (*Conurbation eux-mêmes, commint qu'nous traitent ches abloqueux* (imbéciles) *eud' Parijiens !)* mais a fini par être accepté. Mémé Van der Velde (ma mémé) a d'ailleurs appelé comme ça son dogue allemand. Elle hésitait avec Chalopard ou Tony Vairelles, mais Conurbation faisait plus chic à ses yeux.

Alors, moderne, le Nord ? Assurément, mais sans jamais oublier ses racines et ses traditions. Et ça, c'est un sacré pari que les Ch'tis ont à cœur de remporter chaque jour...

Du côté du Pas-de-Calais, on fait encore moins dans les paillettes. Plus grand (6750 kilomètres carrés), moins habité (1 500 000 habitants),et doté d'une préfecture pas véritablement très connue (Arras, ses 50 000 habitants, son univers impitoyable où le jus de betterave remplace le pétrole), le Pas-de-Calais ne jouit pas du rayonnement de son voisin.

Au mieux, on connaîtra les sous-préfectures du coin (Béthune, Boulogne-sur-Mer, etc.) ; au pire, on imaginera une année pluvieuse qui se déverse sur de petites villes industrielles en mal d'identité. Bien sûr, il ne fait pas grand soleil tous les jours. On peut même dire que *miiiin Dieu, chte drache* ! (diantre quelle pluie battante !) fait partie d'un vocabulaire plus que courant, indispensable.

Mais le Pas-de-Calais, ce n'est pas que ça : c'est aussi une belle activité agricole (ah, les chicons, bien blancs, bien amers, les betteraves qui vous font des taches grosses comme ça, et indélébiles par-dessus le marché ou le chou-fleur qui vous provoque des renvois une semaine durant) des traditions de luxe qui intéressent les grands designers de mode du monde entier (la fameuse dentelle de Calais, utilisée sur une robe de soirée, qui fait ressembler mémé Van der Velde à un napperon).

Et c'est sans compter la construction du tunnel sous la Manche. On dit que le Dédé Huylbroek (un ami de mon grand oncle Paulo) en avait démarré et terminé la construction une nuit de 1953, c'est-à-dire bien avant tout le monde. Il avait opéré à coups de pelles en plastique trouvées dans le coffre de sa voiture. C'était une nuit de carnaval, et Dédé n'a jamais retrouvé l'emplacement de l'entrée du tunnel. Quel dommage, il ne rentrera pas dans l'histoire nationale. Mais l'histoire de Dédé est devenue une légende cheu nous.

Commint qu'sont dev'nus ch'tis les Ch'tis ? *(D'où vient l'esprit ch'ti ?)*

Mais d'où vient véritablement l'âme de ce coin de pays ? Il y a trois siècles encore, toute cette région de l'Hexagone ne faisait pas partie de la France, bien au contraire... On l'appelait jusqu'en 1713 les Pays-Bas du Sud ou les Pays-Bas espagnols ! Cette terre a toujours été au croisement de plusieurs intérêts géopolitiques : ceux du royaume hollandais, de la France et même de l'Allemagne. Les provinces d'Artois, de Flandres et de Picardie ont ainsi changé de commandement plus de 50 fois, du Moyen-Age à la période moderne... Les Ch'tis, eux, sont restés accrochés à leur bock de bière à regarder passer les divers envahisseurs avec un air goguenard : *Chte Cacoule, v'là core les Echopingouins vec leu frusquin.* (Quelle blague, voici encore les Espagnols avec armes et bagages.)

Eul bibine d'acor, eul thé va t'faire infournaquer

(D'accord pour la bière, pas pour le thé
ou *Calais aux Anglais)*

Il faut dire que, stratégiquement, le Nord-Pas-de-Calais se trouve à la croisée des pays, mais est également un accès direct à l'Angleterre via la Manche. Au terme de la guerre de Cent Ans, au quinzième siècle, Calais devient même la capitale anglaise en territoire français ! Une conquête qui durera deux siècles et aura tendance à freiner le développement de la région. De cette période, les Ch'tis conserveront un amour immodéré de la bière, mais pas du thé. De grands historiens se sont penchés sur la question, mais ne sont toujours pas parvenus à comprendre pourquoi.

En 1598, toute la région est cédée aux Espagnols suite à un mariage Habsbourg. Férus de protestantisme si populaire à l'époque en Angleterre, le Nord se retrouve sous l'égide des catholiques, plus libertaires que les rigides protestants. Une large communauté catholique d'Angleterre va même jusqu'à déménager sur place, se trouvant mieux traitée que dans son pays... Les catholiques anglais étaient, dit-on, attirés par l'esprit de gaudriole qui régnait au pays des Ch'tis. Les Ch'tis, ayant l'esprit pratique, avaient installé des confessionnaux à la sortie de tous les clubs échangistes. Mais Louis XIV va reprendre la région en main et l'annexer de nouveau à la France. Cent ans plus tard, les grandes villes y sont fortifiées par Vauban. Dieu merci, le Roi-Soleil décida de ne toucher ni aux confessionnaux, ni aux clubs échangistes.

Eul fabrique, eul mine, po pou les agosils

(L'usine et la mine, pas pour les fainéants ou l'industrie)

Ensuite, c'est la folie industrielle qui va durer jusqu'à la fin de la Seconde Guerre mondiale. Le Nord-Pas-de-Calais est la région incontournable du charbon et de la métallurgie. Les sols y regorgent d'or noir « dur », et les hommes se mettent tous à devenir des gueules noires. Les photos de famille de l'époque sont d'ailleurs parfaitement interchangeables. Pas moyen de faire la différence entre Miroslav, Luigi ou Toinou. C'est peut-être bien à force de ne pas pouvoir se différencier entre eux que les Ch'tis ont forgé une véritable identité commune, un respect entre tous les habitants de cette région.

Ami intinds–tu el vol nouér eud corbiau chu'l terril ?

(La guerre et la résistance)

Lors de l'occupation allemande, le pays vit à nouveau l'horreur déjà expérimentée lors de la Première Guerre mondiale. De grosses villes comme Dunkerque sont le théâtre de batailles acharnées entre Anglais et Allemands. Les occupants sont massés dans le Nord-Pas-de-Calais, afin de faire marcher les usines 24 heures sur 24. En réponse, la résistance s'organise, forte et patriotique : le Ch'ti ne baisse jamais les bras dans l'adversité ! Toutes les ressources sont utilisées afin de mieux résister. Les troupes allemandes se voient servir waterzoï et betteraves TOUS les jours pendant la durée de l'Occupation. Les Ch'tis ont ainsi décimé plusieurs unités d'élite renvoyées au pays pour problèmes gastriques à répétition.

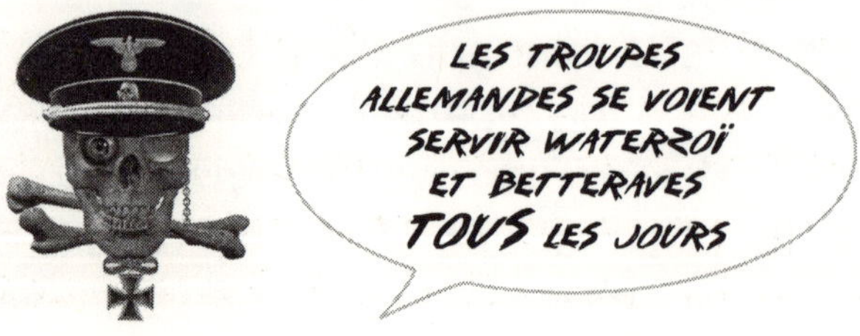

Eul galibot goglu

(Le mineur heureux ou *les années dorées)*

Après la guerre, ce sont les 30 glorieuses qui débutent. Des années de folie économique où le plein emploi est atteint. Les femmes sortent souvent de leur foyer afin de rejoindre les usines en mal de main-d'œuvre. On fabrique de tout et surtout des produits issus de l'industrie secondaire : automobile, fonderie, tout sort des usines fumantes de la région.

Malheureusement, la crise va mettre un point final à la belle aventure sidérurgique et industrielle de toute cette génération d'après-guerre : les usines ferment, les mines n'ouvrent plus leurs portes, et des centaines de milliers de Ch'tis se retrouvent sans emploi. Mais dans le Nord on dit : *Euch' Nord, on n'est point des plaindards !* Ce qui pourrait se traduire par : les gens du Nord savent rester dignes face à l'adversité. Et puis on est malin dans le Nord. Les alambics ressortent des caves, les baraques à frites sortent de terre, la mayonnaise devient l'acier des années 1980. Mais en plus mou.

Eul votache dans l'bon coin eud'l'urne

(Le vote dans le bon coin de l'urne ou *A gauche, toutes !)*

Dans cette région à majorité ouvrière, crise ou pas crise, le cœur a toujours été à gauche. Que ce soit carrément rouge (communiste) ou rose (socialiste), la couleur du bulletin de vote n'a que très rarement viré au bleu (droite). Pépé Van der Velde racontait qu'il en avait vu un, de droite, une fois, débarquer à Lumbres. Mais c'était vers la fin de sa vie, et tout le monde s'accorde à dire que pépé Van der Velde *l'avait tourné nig'doul*. Le Nord a gardé une forte présence syndicale, due aux nombreuses usines anciennement en activité. Ecoutez plutôt Pat Vanderstreten, délégué syndical CGT en charge des divers fluides mousseux (Jupiler, Stella) dans sa section d'Aire-sur-la-Lys. *Ichi lo chégété, ché comme lo fomile. Innou zimmerdent, mais on sait rin faire chans*. (Ici la CGT, c'est comme la famille. Ils sont indispensables.)

C'est également dans le Nord que Pierre Mauroy (premier premier ministre socialiste en 1981) ou Jacques Delors et Martine Aubry ont fait leurs armes. On mise aussi énormément sur le petit Jérôme Van der Velde qui a réussi à monter le premier parti politique réservé aux moins de sept ans. Son activité principale se limite pour l'instant à lever des cotisations auprès des camarades (en petite monnaie ou en chuchettes), mais ceux qui le fréquentent de près lui prédisent un bel avenir (dans la politique, les affaires ou le milieu carcéral, quoique tout ceci ne soit pas *incompatip'*, comme on dit chez nous).

Eul tradichion ch'mieux qu'eun margnouffe dins s'gueule

(La tradition, c'est plus agréable qu'un coup dans la figure ou Amusons-nous avec les traditions ch'tis)

Chez les Ch'tis, on sait s'amuser. A Marquette-lez-Lille, à quelques kilomètres de la grande ville du Nord, Jérémy Huylebroeck est un fervent adepte du sport national des Ch'tis : le lancer de pigeon voyageur. Dans le Nord, on appelle ça un « coulonneux ». Au début, explique-t-il, c'étaient les mineurs et les dockers qui récupéraient les oiseaux à la fin de leur travail, et ils les lâchaient afin de voir s'ils arrivaient chez eux plus vite qu'eux-mêmes. La course était perdue d'avance pour les humains. En effet, les pigeons n'étant pas admis dans les estaminets et n'étant donc pas tentés de descendre *eun'*

bibine avant *d'rintrer*, ils étaient systématiquement à la maison une bonne heure avant leur maître.

Pourtant un bon pigeon ch'ti sait relier Calais à Lille, en faisant un stop à Dunkerque puis Béthune. Bref du grand art ! Le grand mystère sur lequel se sont penchées des générations de scientifiques réside dans le fait que ces volatiles n'aient jamais eu l'idée de mettre le cap sur le sud sans demander leur reste !

Autre activité du même genre, le Ch'ti est féru du fameux concours de pinsons. Le but de cette activité est d'aligner le plus de pinsons dans un temps donné. Les rangs de la Fédération régionale de pinsons ont considérablement augmenté ces dernières années. Le nombre de licenciés a décuplé en un an (ils sont 10 à présent), et le maire de Wallon-Cappel a la ferme intention d'ouvrir un dossier pour en faire une discipline olympique.

Ch'teun chaute point t'es point ch'ti

(Si tu ne sautes pas, tu n'es pas ch'ti ou *Les carnavals)*

Depuis quelques années, une culture ancestrale du Nord a réussi à percer dans les autres grandes villes de France : celle du carnaval.

Comme le Nord-Pas-de-Calais est un département populaire, rien de tel que les kermesses et les carnavals pour se « mettre la tête à l'envers » et surtout se travestir littéralement en des personnages autres que ceux incarnés dans la vie quotidienne. Bobby Vanderstraeten, un mien cousin, cordonnier à Dunkerque, raconte : *euch ducasse euch cornovol euch Jupiler, eul' tchiète artourné !* (Traduit, en gros, ça donne : euh la fête, euh le carnaval, euh la Jupiler, euh la tête retournée.)

Comme vous pouvez le constater, la tradition populaire du carnaval laisse des traces et peut parfois avoir une influence directe sur la cohérence des propos tenus par les gens qui fréquentent ces fêtes. Cependant, ces carnavals sont le moment idéal pour gommer toutes les différences sociales, boire (plus que de raison) avec des inconnus, faire la fête de manière bon enfant et se moquer des puissants et des riches.

Parmi les fêtes majeures, il y a bien évidemment la Grande Braderie de Lille où des tonnes de moules et de frites y sont dévorées, sans compter les centaines d'hectolitres de bière. La Grande Braderie de Lille est un événement mondial. On peut aussi bien y croiser le gars Ouin Ouin (un cousin par alliance) que Miss Pas-de-Calais. La presse à scandale aurait même failli divulguer une photo les montrant tous deux en train de partager un litron de bière.

Heureusement, Ouin Ouin est parvenu à empêcher la publication des photos compromettantes en offrant une ration quotidienne de frites à vie au rédacteur en chef de *La Voix de Desvres*. L'honneur était sauf et la baraque à frites de Ouin Ouin recevra au moins un client par jour.

Eun' bibine o eun' bistouille ?

(Bière ou café arrosé ? Les Ch'tis à l'estaminet)

Chez les Ch'tis, le lieu le plus fréquenté après le travail, c'est l'estaminet. Différent du pub anglais (puisque les femmes y sont tolérées, voire bienvenues par moments), l'estaminet est par excellence un lieu de mixité sociale. A l'estaminet, on y boit des bières, du picon et on y refait le monde en s'adonnant au bourle, un jeu qui consiste à lancer le plus loin possible des planches de bois sur la sciure. Car au plancher, pas besoin de passer l'éponge chaque jour : la sciure est là pour tout absorber, alcool, cendres et autres types de déjections connues des seuls Ch'tis. Une enquête sanitaire avait été lancée par le ministère de la Santé dans les années 1970 pour déterminer les divers germes que l'on pouvait trouver dans cette sciure. Des deux inspecteurs envoyés pour enquêter, l'un d'entre eux a dû être interné dans un hôpital psychiatrique. Depuis cette époque, il réclame de vivre dans un univers totalement aseptisé et croit voir des microbes partout. L'autre inspecteur a, pour sa part, décidé de changer de nom (il s'appelle à présent Ronnie Boonen) et de reprendre un estaminet à Bruille-Saint-Amand que le patron avait souhaité céder avant son départ à la retraite.

Ronnie a repris la tradition du bingo inventée dans ces estaminets, mais la loi française a fait le ménage et s'est débarrassée de ce concurrent gênant et non contrôlé par l'Etat. Ronnie Boonen et son établissement représentaient en effet une menace persistante pour la Française des jeux.

Chnoooooordu !

(Les hommes et les femmes qui ont fait la grandeur du Nord)

Parmi les grands hommes (ou femmes) de France, beaucoup sont venus de cette magnifique région Nord-Pas-de-Calais, offrant un rayonnement indirect à la culture ch'ti. Avant de découvrir le quotidien des Ch'tis ainsi que leur mode de vie, il est donc temps de faire une courte pause et se rappeler des Ch'tis qui ont marqué la France contemporaine...

★ Général Charles de Gaulle

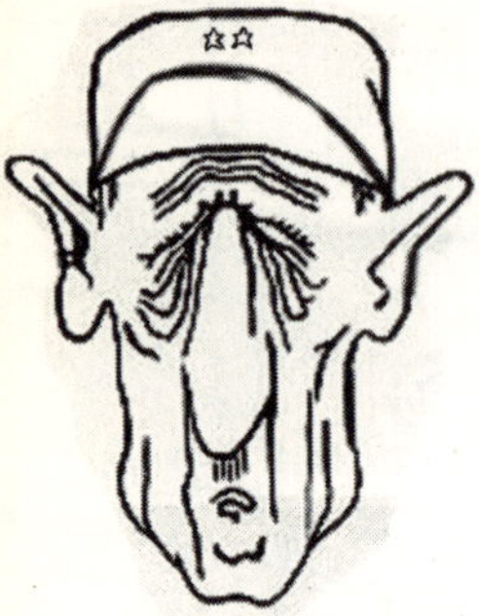

Ce natif de Lille est assurément le Ch'ti qui aura marqué le plus fortement la vie politique hexagonale du vingtième siècle. Né à la fin du dix-neuvième siècle, il restera toujours profondément marqué par son éducation nordiste, avouant dans ses mémoires avoir « toujours eu une grande affection pour mon peuple ». Son accent traînant dénote clairement son appartenance à la grande descendance ch'ti. Sur la fin de sa vie, il fera de nombreux voyages à Lille, où sa maison natale peut encore être visitée, juste en face du stade de foot...

★ Léopold Tilloy

Ce natif de Sars-Poteries s'est distingué dans les années 1920 par une invention révolutionnaire : le fusil à frites. Léopold Tilloy était parvenu à remplacer les habituelles et coûteuses cartouches par nos bonnes vieilles frites, bien moins chères. Ce que Léopold Tilloy n'avait pas pris en compte était la parfaite innocuité de la frite molle contre le cuir d'un sanglier vivant. Il s'en aperçut malheureusement trop tard, lors d'une partie de chasse qui lui coûta la vie et l'envoya dans les oubliettes de l'histoire.

★ Henri Matisse

Dans le canton de Cateau-Cambrésis, on possède un des plus grands noms de la peinture moderne en

France : Henri Matisse. Ce monsieur barbu aux allures de sage a fait ses armes dans la graineterie parentale à Cateau, dessinant les ouvriers, puis dans les usines textiles du Pas-de-Calais, où il a signé plusieurs de ses plus belles toiles représentant des scènes de travail de tisseuses et couturières. Plus tard, il révolutionnera la peinture moderne en inventant le « fauvisme », qui alterne couleurs pures et lisses sur les toiles. Un peintre de la couleur, bien loin de la mauvaise image de grisaille du Nord !

★ Théodore Meteren

Rien ne prédestinait l'enfant de mineur de Loos à la fulgurante ascension sociale qui fut la sienne. C'est en 1870 que, fuyant l'ennemi prussien, Théodore Meteren décida de se lancer sur les mers. Prenant un premier bateau à Calais, il fit du cabotage le long des côtes françaises jusqu'à Bordeaux où il embarqua sur un puissant voilier qui faisait route vers les Indes. Une terrible tempête coula *Le Vigoureux* et Théodore Meteren fut le seul survivant.

S'éveillant sur le rivage d'une île qui s'avéra être déserte, Théodore Meteren décida de fonder le premier état monodémocratique du monde. S'élisant président pour des périodes d'un an à chaque fois, il ne décidait cependant jamais rien de manière autoritaire et consultait toujours son bon peuple (c'est-à-dire lui-même). Théodore Meteren décéda quelques années plus tard, assassiné par l'un de ses administrés. Quel fabuleux destin !

★ Dany Boon

Le gamin d'Armentières est celui qui a fait exploser la folie des Ch'tis en 2008 avec son film tendre et complice, *Bienvenue chez les Ch'tis*. Mais cela ne date pas d'hier que Dany, l'enfant du pays, aime parler et évoquer ses racines.

Lors de ses nombreux one-man shows, il prend souvent l'accent typiquement ch'ti de son enfance, amenant bonne humeur et connaissance des racines et traditions ch'tis à un public français peu au fait de la culture si particulière du Nord. Un bel ambassadeur comique qui a toujours gardé une tendresse pour ses racines.

★ Ronny Coutteure

Un Ch'ti, un vrai, un pur et dur. Né en Belgique après-guerre et élevé à Tourcoing, il aura aidé à faire connaître l'humour du Nord dans de nombreuses comédies, au théâtre comme au cinéma. Son physique jovial, sa large moustache qui barrait son visage et son accent si reconnaissable ont fait de lui un des acteurs les plus populaires des années 1970-80.

A la fin de sa vie (il mourra à 49 ans en 2000), il dirigeait un estaminet qu'il transformait à l'occasion en théâtre à Fretin, dans le Nord-Pas-de-Calais.

Mieux encore, ce Ch'ti pur sang a été aperçu dans une superproduction hollywoodienne, *Indiana Jones*, produite par le grand George Lucas ! Ce grand monsieur s'en est allé avec son diplôme unique de l'Université de Biérologie...

✯ Franck Ribéry

Le petit caïd des cours d'école à Boulogne-sur-Mer, c'était lui. Ce Ch'ti pur jus est un « taiseux », comme on dit dans la région : il parle peu, mais, quand il ouvre la bouche, c'est pour la bonne cause, et il n'a pas envie de se répéter.

Ce dur de dur a amené son équipe de Boulogne-sur-Mer en Nationale avant de se faire virer de son centre de formation pour indiscipline. Le petit Francky va alors faire le tour des clubs de la région avant de trouver refuge en Turquie, où il explose, avant de revenir par la grande porte en France, à Marseille. Très marqué par un accident de voiture lorsqu'il était enfant, ce Ch'ti aux origines très modestes est tout simplement devenu le M. Football n°1 de France et même d'Europe depuis qu'il officie au Bayern de Munich !

✯ Attila

On le sait peu, mais Attila avait du sang ch'ti. Sa mère, native de Morchain, avait épousé un barbare de passage et l'avait suivi dans les plaines d'Europe centrale. Attila le Hun ne revint cependant jamais sur les lieux où sa famille prenait racine.

On sait en revanche qu'il avait une bonne maîtrise de la langue ch'ti. *D'l'heurbe, faut pas qu'arpouche*, aimait-il à répéter, ce qui signifie à peu près : je suis le fléau de Dieu et mon ire est telle que rien ne résistera au passage de ma colère divine.

✯ Pierre Mauroy

Rares sont les hommes politiques qui ne trahissent jamais leur région. Pierre Mauroy est un de ceux-là. Né à Cartignies à la fin des années 1920, celui qu'on surnommera plus tard le « Gros Quinquin », en référence à son physique et à ses origines, a été élevé à Cambrai et Cateau. Il est élu pour la première fois en 1973 sous l'étiquette socialiste dans le Nord, et devient député. Premier ministre de 1981 à 1984 sous François Mitterrand, son proche ami, il a toujours montré une affection énorme envers sa région de naissance. Ce sage de la politique française a amené un rayonnement inédit à la région du Grand Nord et a contribué à l'accompagner dans ses changements structurels dus à l'époque.

★ Pierre Bachelet

Ah, « Le Nord, c'était les corons » ou « Dans les yeux d'Emmanuelle », première complainte ch'ti-érotique des années 1970... Qui ne se souvient pas de Pierre Bachelet, gigantesque chanteur populaire, longtemps habitant de Calais, ville natale de son père ? Ce fou de jazz et de belles femmes est toujours resté un Ch'ti, un vrai, qui n'a jamais renié ses racines...

Son grand classique, « Les Corons », date de 1982, single incontournable vendu à plus de 4 millions d'exemplaires. Mais Bachelet signe d'autres grands succès : « Elle est d'ailleurs » (1,5 million), la B.O. des *Bronzés font du ski* (1,4 million) ou d'*Emmanuelle* (4 millions), le film érotique des années Giscard. Avec son visage débonnaire et ses yeux de chien battu, c'est une idole des femmes de son âge qui sait murmurer la douleur et le bonheur simple. Lors de sa mort en 2005, le stade Félix-Bollaert à Lens fait une minute de silence, puis les spectateurs entonnent « Les Corons » en intégralité...

★ Roger Wervicq

Cet illustre inconnu n'a rien à faire dans cette rubrique, c'est vrai. Mais je profite du coup de projecteur donné sur la région pour prévenir nos amis lecteurs que monsieur Wervicq tient une baraque à frites près de Béthune appelée « La bonne frite mayonnaise ». Or, les frites de Roger sont molles, grasses, et sa mayonnaise manque totalement de fraîcheur. Evitez « La bonne frite mayonnaise » si vous passez dans la région.

Carte du Nord-Pas-de-Calais

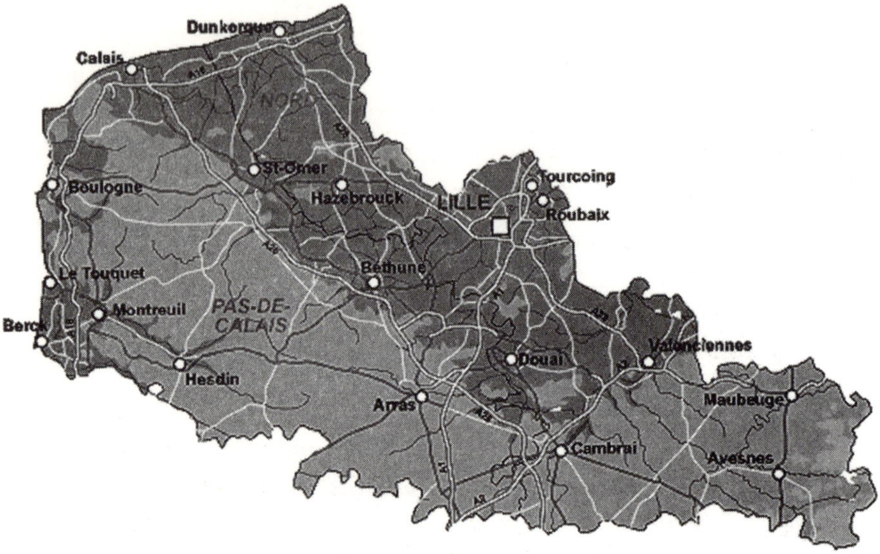

LES CH'TIS CHEST COMMINT ?

(Considérations sur les habitudes des Ch'tis et leur quotidien)

« *Si je n'srai point cht'i, j'voudro l'devnir. (Les masses laborieuses et industrieuses à l'ouvrage dans le nord de la France méritent que tout prolétaire s'identifie à elles.)* »

Lénine, après une réunion syndicale plutôt arrosée à Cauchy-à-la-Tour

Les Ch'tis ch'est qui vraimint ?

(Les Ch'tis, qui sont-ils vraiment ?)

Qui mieux que le baladin de la musique du soleil a su parler du Nord et de ses habitants ? Pour Enrico Macias, « *les gens du Nord ont dans leurs yeux le bleu qui manque à leur décor, ont dans le cœur le soleil qu'ils n'ont pas dehors, ouvrent toujours leurs portes à ceux qui ont souffert, n'oublient pas qu'ils ont vécu des années d'enfer* ».

Etre un Ch'ti, ce n'est pas drôle tous les jours, surtout vu de l'extérieur. Les touristes et les gens de passage ont l'habitude de ne voir que la grisaille du paysage pour imaginer des vies minées par la pluie, la tristesse et le chômage.

Et pourtant, comme le souligne le grand Enrico, être un Ch'ti, c'est avant tout avoir un cœur « gros comme ça », s'ouvrir avec le sourire aux étrangers de passage, et le tout avec la plus grande franchise et jamais un soupçon d'hypocrisie. Au « pays des hiboux », comme les Ch'tis rebaptisent eux-mêmes leur région, on vous prend comme vous êtes et on ne fera pas d' « attis » (de manières, en patois maison) au moment de vous accueillir à table.

Mais derrière l'image d'Epinal (ou plutôt de Roubaix), c'est une véritable civilisation à part entière qui se cache, avec ses codes, son organisation familiale traditionnelle et ses rebelles à l'ordre. Historiquement, les Ch'tis ont toujours été une grande famille, unie par un sang commun : celui qui coule dans les veines des mineurs.

CINQ BONNES RAISONS DE NE PAS ALLER DANS LE NORD :

1. Il fait froid.
2. Il pleut.
3. Il grêle.
4. Il neige.
5. Parfois, il fait froid, alors il pleut, puis ça grêle, et ça se transforme en neige.

Eh oui, « au nord c'étaient les corons », et malgré leur disparition depuis près d'un quart de siècle, le charbon et la silice semblent toujours fonder l'unité du groupe ch'ti.

L'ère du charbon est finie depuis bien longtemps, et seules subsistent quelques traces de cette glorieuse époque industrielle. Les corons sont devenus des petites maisons aux jardins bien fleuris, alignées dans des villages entièrement construits en brique rouge. Les mines sont devenues des lieux de tourisme culturel ou ont été totalement réaménagées, comme au nord d'Arras, où un large *playground* pour *skaters* a été créé en lieu et place des entrées de mines.

Grâce à ces aménagements, Antonin Wilbroek est devenu champion du monde de skate-board sur mine en 2008. Il a devancé son frère, Johnny Willbroek, et sa cousine Jennifer. Les Wilbroek ont en effet « trusté » les médailles du concours. Et cela n'a rien à voir avec le fait que c'était Dylan Wilbroek, le grand frère, qui organisait la compétition. Qu'on se le dise…

« Eun ch'ti che un gars qua jamais choif, que rgole toudis.
(Le peuple du Nord porte en lui la joie de la fête et la langueur des lendemains d'ivresse.) »

Victor Hugo, lors de sa première visite à Calais

Ch'tarconno, t'es d'min coin !

(Je te reconnais, il me semble que nous avons les mêmes origines ou *Comment reconnaître un Ch'ti)*

Dans son environnement naturel, le Ch'ti est comme un poisson dans l'eau : il y respire la même passion de l'eau (sous forme de pluie), des couleurs sobres (le gris ou le rouge brique de préférence) et ne boit que des liquides gazeux (le plus souvent à 4,2 degrés d'alcool, ce que l'on appelle plus communément de la bière chez les incultes du Sud). Car le Ch'ti est avant tout un amoureux de la vie qui arrive à faire abstraction de tout ce qui se passe autour de lui : mettez-le dans un endroit chaud, avec quelques amis, une bonne barrique du même liquide mousseux que précité, et il pourra passer des jours entiers à refaire le monde !

Mais attention, même si on a cru longtemps que les Ch'tis étaient une espèce en voie de disparition, on s'est récemment rendu compte que c'est au contraire une communauté en pleine santé, voire en pleine expansion !

Vous croyiez uniquement trouver du Ch'ti pur jus au fin fond d'un estaminet perdu dans les banlieues de Béthune ? Que nenni ! Le Ch'ti a fait sa diaspora, s'est exporté dans toutes les villes de France, a monté des bars (à bière), des restaurants (à waterzoï), des boîtes de nuit (le plus souvent dénommées *Macumba* ou *Maubeuge's Fever*) ou des entreprises (à décapsuleurs).

Avec tous ces Ch'tis qui se baladent dans le monde, vous en apercevrez donc peut-être à San Francisco (le Ch'ti sait aussi être *gay-friendly*), en Chine (le Ch'ti est né communiste), au Japon (le Ch'ti aime le charme doux de la geisha orientale), en Belgique (le Ch'ti sait qu'il existe un nord à son Nord), en Espagne (le Ch'ti aime s'y dorer, rouge comme un homard), en Italie (le Ch'ti aime la *birra* avec une pizza), en Suisse (le Ch'ti fraude parfois, lui aussi, l'administration fiscale), à Monaco (le Ch'ti joue et gagne à Euro Millions), en Alaska (le Ch'tl a parfois trop chaud à Lens ou Arras), en Algérie (le Ch'ti rêve souvent de désert), en Afrique du Sud (le Ch'ti a des ancêtres hollandais), en Australie (le Ch'ti est un fana de la culture aborigène), en Colombie (le Ch'ti n'est pas contre le commerce triangulaire avec Pablo Escobar), en Inde (le Ch'ti a eu une période baba cool dans son adolescence, qui a duré une bonne semaine au bas mot), au Pakistan (le costume taliban sied très bien au Ch'ti), en Norvège (le Ch'ti y est en seulement quelques heures), en Syrie (le Ch'ti a des amitiés fortes avec le député Didier Julia), aux Commores (Bob Denard, le fameux mercenaire, n'était-il pas lui-même un enfant du Ch'Nord ?), à Las Vegas (quand un Ch'ti flambe au craps, il devient vite la vedette d'un casino), en Russie (le Ch'ti conseille parfois les entreprises minières d'un autre pays que le sien) ou à Madagascar (où le Ch'ti a souvent une deuxième famille, fondée au moment de son service militaire en coopération).

Niveau fringues, le Ch'ti voudrait pouvoir passer partout. Un vrai passe-muraille, ce Ch'ti ! Car se fondre dans son environnement n'est pas bien dur quand on traîne sous la fine pluie ; mais comment ne pas se faire remarquer sur les étendues de sable blanc de Rio de Janeiro ?

Dès qu'il est sorti de son environnement naturel, le Ch'ti a tendance à élever la voix et à jurer tout haut dans une langue aux confins de l'espéranto, du roumain et du hollandais. Dans le Nord, ils appellent ça le picard ou le ch'timi. Au Brésil, ils pensent seulement que ce sont encore des touristes de l'autre bout du monde qui ont décidé de faire le carnaval. Erreur !

Car le Ch'ti au carnaval de Rio, c'est un peu comme si vous envoyiez un cow-boy dans les steppes russes : il connaît le boulot et l'environnement, mais n'a pas choisi le bon déguisement.

Au milieu des danseuses de samba, la famille Van der Velde préférera les habits traditionnels des Ch'tis : larges jupons blancs pour les femmes, bretelles pour les hommes et moustache bien épaisse bordée d'une douce écume de bière !

Dans les quartiers chauds du San Francisco homo, le Ch'ti se sent très à l'aise. Enfin, jusqu'à ce que deux beaux moustachus qui sortent d'une salle de muscu leur tombent dessus et leur fassent des propositions dans un américain incompréhensible pour le commun des Ch'tis. Le Ch'ti est *gay-friendly*, mais faut pas non plus lui demander de passer à la casserole aussi vite que ça ! Pour reconnaître le Ch'ti à Frisco ? Pas dur : si vous voyez un groupe entier de valeureux supporters lensois habillés en sang et or dévaler à toute vitesse les pentes du quartier de Castro (le temple du *hardcore* gay), il se peut fort bien que vous veniez d'apercevoir des Ch'tis...

Quant au Ch'ti flambeur qui rase les tables de Monte-Carlo, Las Vegas, Macao ou Dubaï, il vous suffira d'un peu d'observation pour le localiser. Vous entendez des cris de victoire tonitruants à une table de craps ou de black-jack ? Si le gagnant en question offre des magnums de Dom Pérignon aux 42 filles de joie placées derrière lui, pendant qu'il sirote tranquillement un météor de bière, il y a fort à parier que l'heureux gagnant a des racines dans ce bon vieux Nord-Pas-de-Calais.

Et cette famille entière qui fait 12 000 kilomètres dans le froid de la Sibérie, juste pour aller se recueillir devant un trou dans la terre, que fait-elle là vraiment, avec sa Peugeot 406 immatriculée dans le 59 ? Rien de bien étonnant pourtant : ils sont venus voir la dernière mine en activité de Vladivostok afin d'expliquer à leur (nombreuse) progéniture pourquoi pépé Van der Velde avait les ongles toujours aussi noirs quand il rentrait le soir du travail. En plus, ils ont tout le matériel pour rentrer dedans : mieux que des spéléologues, ils ont ressorti piquet et lampe de mineur pour apprendre un peu l'histoire à la famille !

Mais le Ch'ti sait être rusé et avancer masqué.

Quand il part en Suisse pour placer ses économies de bas de laine sur un compte sous pseudonyme, il n'hésite pas à faire des feintes : au lieu de prendre directement l'autoroute, il passe par les routes de campagne. Il remonte par la Belgique, fait un crochet aux Pays-Bas (avec un stop d'une petite demi-heure dans le Quartier rouge), redescend sur Munich (où il sirote quelques bocks de bière locale, histoire de semer ses poursuivants éventuels), se dirige vers Prague (où il a rendez-vous avec Natacha, Olesya et Barbara), repasse par l'Italie (un copain, qui a du chianti, lui a promis de lui en donner une caisse), rentre en France par le tunnel du Mont-Blanc et, finalement, change ses plaques d'immatriculation (il gomme le 9 de 59 et le transforme en 58, d'un simple coup de feutre !) et va déposer sur son compte ses quelques petits billets gagnés au turf. Là encore, pas question de le déposer sous son nom de Van der Velde ! Histoire de ne pas être reconnu, il a choisi un pseudo, Huylebroeck, car ça fait moins nordiste. C'est vrai, Huylebroeck, c'est uniquement du Pas-de-Calais !

CINQ AUTRES PRÉNOMS POUR VOTRE BILOUTE :

1. **Barnabé, si elle est costaude.**
2. **Gontran, si elle part à droite.**
3. **Ch'ti Nicolas, si elle pratique l'ouverture.**
4. **Roberta, si elle est hésitante.**
5. **Lionel, si elle frisotte.**

« Eun' famile ch'ti cha n'fait caud, quand ine fait froid. (Jamais je n'oublierai l'ineffable et chaleureux accueil que m'ont fait les Ch'tis.) »

Le dalaï-lama pendant son exil d'une heure à Cambrai

La véritap' famil ch'ti

Francky, le nouveau-né

« On ne devient pas ch'ti, on naît ch'ti ! » souligne-t-on toujours dans le plat pays... Alors, dès la naissance, au fur et à mesure que la tête sort du ventre de m'ame Van der Velde, il voit déjà les beautés d'un monde de grisaille heureuse se dévoiler devant lui : à la maternité des Sept-Vallées, à Hesdin, les sages-femmes sont formelles, ce sera un « vrin p'tit Ch'ti chui lo ! »

A la première colère un peu trop nocturne, la mère Van der Velde n'y va pas par quatre chemins : un bon biberon bien chaud (jamais « frod », ça excite le gamin !) avec une goutte de gnôle maison qui traîne dans les bonbonnes depuis des décennies, et le petit Francky est repartir pour faire de beaux rêves de corons...

Chez les Ch'tis, on a l'habitude de garder les enfants à la maison en se les repassant entre sœurs, belles-sœurs, cousines ou grands-mères. La smala, c'est un concept du Nord, pas uniquement du Sud, qu'on se le dise ! Francky va vite découvrir qu'en bon Ch'ti, il va falloir vivre en communauté : Kevin, Vince, Sébastien, Danny ou Natacha n'ont pas encore deux ans qu'il va tout de même traîner avec eux toute la journée. Ça apprend la vie à plusieurs et ça permet de ne pas avoir à payer de nounou...

Pour Francky, pas question de « chouinasser » à toute heure : une bonne torgnole, administrée par la grande sœur, et ça repart. C'est que le Francky, faut pas qu'y d'vienne une fillette... C'est un homme dont les Ch'tis ont besoin, pas d'une « narreux » qu'a peur des bêtes de la viande ou qui rechigne devant l'assiette.

Même si la culture agricole n'est pas des plus actives dans le coin, on y élève les petits à la dure, histoire de ne pas lui donner de mauvaises habitudes. L'Francky, faut pas qu'il ait « l'cul bordé d'nouilles »...

Mais ça n'empêche que, dans tout ça, y a de l'amour, et même plein d'amour. Normal, la grand-mère, elle chante « mon p'tit quinquin » dès qu'elle prend Francky dans ses bras, et elle lui prépare même des fricadelles « spécieul quinquin ».

La recette : chanter doucement la fameuse comptine *(Dors min, min ptit quinquin, min ptit pouchin, min gros rogin ! Te m'fras du chagrin, si te n'dors poin chqu'à dmain)* en prenant bien soin de mettre dans une grande assiette le meilleur des restes du réfrigérateur.

Et ça, Francky, il adore, parce qu'il sait que ça va lui donner des forces, encore plus que le coup du biberon magique chargé au gibolin.

Niveau jouet, rien de plus simple à contenter qu'un Francky van der Velde ! Un bon spectacle de polichinelle (qui est aussi populaire dans le Nord qu'à Lyon, la ville où la marionnette a fait son apparition), une vieille peluche qu'on se repasse de génération en génération et, surtout, le pouce constamment vissé dans la bouche ; même pas besoin d'une tototte, Francky arrive à faire pareil tout seul avec ses mains ! Sa seule impatience à Francky, finalement, c'est d'être assez grand pour marcher tout seul et faire le tour de la maison sans avoir à tenir la main des « grinds ». Après, Francky sera devenu un grand...

Titi, le caïd de l'école primaire

A tout juste huit ans, Thierry, le cousin de Francky, est déjà une star de l'école primaire de Fouquière-lez-Béthune. Quand Yves Duteil est arrivé pour inaugurer les nouveaux bâtiments l'année dernière, il n'en a fait qu'à sa tête : « Le Petit Pont de bois » et autres chansonnettes, ce petit caïd n'en avait pas grand-chose à faire. Alors quand la maîtresse a essayé de le rappeler à l'ordre : « Tu seras privé de la sortie au cirque éducatif de Douai », tout ce qu'a trouvé à répondre le petit Thierry c'est : « M'en fous, po envie. J'préfère leu carnval d'Berck. »

Il faut dire qu'à Berck, il y a la mer, et ça, Thierry, il adore. Comme tous les petits Ch'tis, c'est la sortie obligatoire du week-end, qu'il pleuve ou qu'il vente (et ça arrive assez souvent...), histoire de quitter un peu la grisaille bien connue de Fouquière-lez-Béthune. Berck, c'est un peu les vacances : pour y arriver, il faut quitter le Haut-Artois, traverser les Sept-Vallées et le Ternois, et après, direction Canche-Authie, la partie du Nord-Pas-de-Calais où les plages sont belles (mais un peu désertes, il faut bien le dire).

L'Titi, comme on l'appelle dans sa famille, il n'en fait qu'à sa tête. Déjà bien baraqué pour son âge, il collectionne les fractures multiples (bras, coude, jambe et main à deux reprises - un beau record pour son âge !). Un vrai casse-cou qui ne respecte qu'une personne : son père.

Bien sûr, c'est un bon gamin qui aime ses frères et sœurs, et affectionne un bon câlin de sa mère, mais, pour lui, la seule autorité est paternelle. Il suffit qu'il hausse la voix (et lui envoie sur un ton bourru un sonore « Té ch'tu ti valet » pour le faire taire) pour qu'il redevienne tout de suite ce qu'il est au fond de lui : un brave gamin de huit ans. Devant l'p'pa, il ne roule plus des mécaniques, et quand sa mère lui lance : « Va ker eun biere pour tin pere », ça ne fait ni une ni deux, il amène une bonne Jupiler bien fraîche au paternel fourbu par sa journée de boulot à l'entreprise de sidérurgie locale.

Depuis deux mois, « l'Titi », il a une amoureuse. Oh, rien de bien sérieux, mais ça fait quand même un sacré changement, parce que, jusqu'à l'hiver dernier, il ne voulait même pas parler à ses cousines. « C'est sale, les filles », il disait. Avec Mélanie, il fait toujours le gros dur, mais ça commence déjà à bécoter sec dans le terrain vague situé à l'entrée de la ville. Tout le monde le chambre, surtout sa cousine, qui trouve qu'il s'absente bien longtemps avec sa petite copine (« chui-là quand y part a diro qu'y r'v'ent ! »). Mais pas grave, Titi, lui, il s'en fout : il sait bien que dans trois ans il va rentrer au collège et que, d'ici là, il a envie qu'on le laisse tranquille...

Marilyn, l'adolescente rebelle

Marilyn en marre. « Marre d'en avoir marre », comme lui répète son discman, en boucle sur la dernière compil' de Radio RCV, la radio locale qu'elle et ses copines adorent. « La Marie-tieu-tieu », comme on

l'appelait plus petite dans sa famille, est connue pour avoir un sacré caractère de cochon. Avec l'adolescence, ça s'est pas arrangé, et on la voit souvent toute seule dans les rues de Béthune, le samedi après-midi, en train de se balader, le casque vissé sur les oreilles, la musique à fond, chanter à tue-tête. Alors quand sa meilleure copine, Sandy, qui a 15 ans comme elle, lui a pris la tête à cause de son frère, Jérémy, qui « l'a mal porlé », elle a juste envie de claquer la porte et d'aller faire un tour en solo à la galerie marchande qui est à 2 kilomètres de chez elle.

Pour s'y rendre, il n'y a pas 36 solutions : la marche forcée. Doudoune kaki, discman, paquet de clopes piqué au père dans la poche et aux pieds une paire de *creepers* qu'elle a achetés à un vide-grenier le mois dernier à Bruay-la-Bruissière. Compil' RCV Radio, piste n° 8 en boucle, et sa longue marche peut commencer sur fond de *machina*. Ça lui rappelle ses soirées en boîte de nuit, au Number One, dans la ZI de Saint-Pol. C'est le seul endroit où on les laisse entrer, elle et Sandy, parce qu'elles connaissent bien le videur, qui est le nouveau mec de la mère de Sandy. La *machina*, ça lave le cerveau, ça fait oublier sa semaine au collège Paul-Bert.

Finalement, Marilyn est une ado comme les autres : mêmes envies de trouver un petit copain, mêmes complexes dus à ses transformations physiques. Mais, elle en est persuadée, être une Ch'ti ado, c'est sûrement plus galère que d'être une fille de 15 ans sur les rives de la Méditerranée : les mecs sont tous des rustres, ils passent leur temps le nez dans leur mobylette et, le soir, à part au Number One, y a rien à faire. A Nice ou Marseille, elle en est persuadée, y a des stars qui passent, il paraît même que Tokio Hotel y font des concerts.

C'est sûr, un jour, elle ira dans le Sud, plus bas encore que l'Artois, et elle quittera ce coin de mineurs. Ce n'est pas qu'elle ne soit pas attachée à ses racines, mais elle a envie de voir du pays, un autre paysage que cet horizon barré de maisons de briques rouges.

C'est pour ça qu'à la galerie marchande, elle adore aller voir les maillots de bain chez Pimkie ; elle se dit qu'un jour ou l'autre, elle ira voir la mer, celle où on peut se baigner dedans sans avoir la chair de poule pendant des heures. Elle les essaye dans les cabines d'essayage en attendant d'avoir la permission de partir en camping dans le Sud avec ses copines pour un été. Sa mère lui a promis de négocier ça avec le père pour l'année de ses 16 ans. Un an à attendre, ça fait long encore...

Jérémy, le fan de foot

Dans les villages ch'tis, pas facile d'occuper ses journées. Oh, ce n'est pas que dans le Grand Nord où on a tendance à avoir du mal à tuer le temps à 18 ans, mais c'est vrai que le temps ne prête pas à des après-midi terrasse. Jérémy, avec son BEP tout juste en poche, il préfère passer ses week-ends dans le garage du paternel à *kitter* sa mobylette plutôt que de glander sans rien faire. Féru de mécanique (il est

en apprentissage chez Peugeot, à Roubaix, et espère bien décrocher un travail là-bas à la fin de l'année), il passe tout son argent de poche dans sa mob.

C'est sa monture fidèle, sa seule façon de quitter les faubourgs de son village d'enfance pour rejoindre la ville, les copains et surtout les soirées interminables au stade, à Félix-Bollaert, le chaudron lensois. Cette année, les Sang et Or sont pas mal partis dans la saison, et en honneur de son équipe, il a repeint sa mob aux couleurs du club. Samedi, ça va faire marrer les potes.

Le match, c'est vraiment le meilleur moment du mois. Pour quelques euros, ils sont placés dans les travées, debout, et ils dégoupillent les Jupiler entre « aminches » en entonnant les chants du virage Nord, avec ses potes des Chtis gavroches, son club de supporters depuis qu'il a 12 ans : « Allons, enfants de la patrie / Le jour de gloire est arrivé / Contre nous de la tyrannie / L'étendard Sang et Or est levé / L'étendard Sang et Or est levé / Entendez-vous, les supporters, chanter / «Allez, les Sang et Or» / Allez, allez, les Sang et Or / Vous êtes, vous êtes les plus forts / Allez, les Sang et Or / Vous êtes les plus forts / Allez, allez, les Sang et Or / Vous êtes les plus forts / Allez, Lens ! »

En sortant, c'est direction L'Estaminet des arcades, à Arras, où il refait le monde avec ses copains : ça y parle grosse bagnole, filles croisées à la sortie du boulot et actions de foot : « C'est clair, la saison prochaine, va y avoir du recrutement. Ça, ça vaut pas la saison avec l'Tony Vairelles, mais, bon, y a po du Cyril Pouget qui pousse sous l'gazon nan pu'. » Jérémy et ses potes, c'est les meilleurs sélectionneurs du RC Lens, pour sûr. Parfois, il y en a qui lancent une blague et proposent de faire une virée de l'autre côté de la frontière, dans les FKK, ces gigantesques bordels belges où, pour un petit billet, tu as la plus belle des filles de joie. « Main Dieuye, cé po pour moi ço », répond toujours Ptit Louis, le coincé de la bande. Tout le monde éclate de rire, et recommande une tournée.

Quentin et Véronique, les jeunes fiancés

Quitter la famille, c'est pas facile. Alors quand Quentin, le Van der Velde, a demandé la main de Véronique, la Huylebroeck, y a pas que les clochers qui ont sonné dans toute la région de Saint-Omer, y a aussi les ancêtres qui en sont pas revenus qu'un Van der Velde épouse une Huylebroeck. Rendez-vous compte : les Van der Velde, c'est des cocos, des durs de durs, élevés au syndicalisme de la mine, tandis que les Huylebroeck, c'est des bons catholiques, des pratiquants, des gens qui croient. Et dur comme fer !

Bien sûr, ça va poser un problème, de choisir entre le maire encarté au PC et l'abbé de Lumbres, mais on devrait trouver une solution, a assuré Quentin. Dans le Nord, c'est pas Don Camillo tous les jours : les guerres de religion, c'est fini depuis pas mal de temps ! Il faut dire qu'avec la désertification de la région en raison de la crise économique, ça s'est serré les coudes. Surtout à Saint-Omer, où la chance « bin, ça pousse comme d'l'heurbe », on a l'habitude à oublier les vieilles querelles et à repartir sur de nouvelles bases.

Histoire de ne pas quitter le giron familial trop vite, Quentin et Véro ont décidé de ne pas trop s'éloigner de leur famille. Pas question de partir de l'Audomarois pour le moment : il faut être à moins d'une demi-heure en voiture des ancêtres. Et surtout, aller les voir au moins deux fois par semaine. Quentin, quand il quitte le travail à l'usine, il va souvent boire l'apéro avec le père, à la maison. Un picon chacun, et même s'ils ne se parlent pas beaucoup, ça fait plaisir à tout le monde. C'est un « taiseux, l'père », il dit pas grand-chose, mais c'est son père et, rien que pour ça, il l'aime et il le respecte. C'est son exemple : il a bossé toute sa vie, ses enfants ont jamais manqué de rien, et sa mère a eu une vie heureuse. Il aimerait bien que Véro ait la même vie, qu'ils aient une existence douce et sans accroc.

Ils ont trouvé un petit appartement à Aire-sur-Lys, un T2 avec tout ce qu'il faut à l'intérieur. Niveau aménagement, va falloir attendre la liste de mariage pour améliorer le quotidien.

Pour l'instant, ils ont paré au plus pressé, en se meublant de bric et de broc : une table prise à la tante, qui ne voit plus bien et ne bouge plus de sa chambre ; de la vaisselle dépareillée rassemblée à droite et à gauche ; un matelas sans sommier en attendant un lit nuptial plus confortable.

Le mariage, ce sera simple, mais festif : 400 personnes sont prévues, mais pas de traiteur ou de choses coûteuses, c'est les mères et les tantes qui ont fait le menu, du classique, du robuste, mais de la qualité. Et pas besoin de champagne pour s'enivrer jusqu'au bout de la nuit : la Jupiler coulera à flots, direct en bidon, histoire de donner le cœur à l'ouvrage pour aller faire un tour sur la piste de danse. Le DJ a promis de faire une programmation pour tout le monde. Boris, tout le monde le connaît dans l'Artois, c'était une ancienne star de Fun Radio Nord, un type qui a bien marché à Paris pendant quelques années et qui depuis a monté une disco mobile que tout le monde s'arrache. Vu comme ça, leur mariage s'annonce bien.

Denise, la mère de famille

A 57 ans, Denise n'a jamais travaillé. Enfin, pas pour de l'argent en tout cas. Ce n'est pas faute d'avoir fait des études : elle a obtenu son diplôme de couturière à 16 ans, mais c'est mal tombé, car les usines textiles du coin avaient déjà arrêté d'embaucher à l'époque. C'était pourtant pas encore la crise, mais l'âge d'or était déjà passé. Alors quand elle s'est retrouvée enceinte de Gérard, l'année d'après, elle a pas eu le temps de se rendre compte de ce qui se passait. Ils se sont mariés en vitesse, histoire de pas avoir l'enfant hors du mariage, et elle a commencé à pouponner.

Etre mère ch'ti, c'est le plus beau métier du monde, lui avait dit son mari. Faut voir, elle avait répondu. Quarante ans plus tard, elle a tendance à être d'accord avec Gérard. Ici, au pays, comme elle dit, la vie coule tranquillement. Bien sûr, ça n'a pas toujours été rose, mais jamais elle n'a été désespérée : le mari a une situation, il n'a jamais été licencié de son usine, elle a élevé quatre beaux enfants, et elle est fière d'être une Van der Velde, une vraie Ch'ti « sang pour sang », comme disent les supporters du RC Lens.

Maintenant que les enfants sont grands, la journée de Denise est réglée comme du papier à musique. Quand elle voit les autres se plaindre d'avoir été abandonnées par leur progéniture, elle les botte en touche : « Vous splaindez, vous splaindez, meu vous nagez dans l'ambulince. » C'est vrai, ça, comme si elle était la seule à ne pas avoir le droit de se plaindre. Ce n'est pas parce que ses « petits » sont restés dans la région qu'elle les voit obligatoirement plus. Le matin, elle se réveille à six heures pour faire le petit-déjeuner du mari. Après, direction le marché, où les vendeurs se font de plus en plus rares. C'est qu'elle aime préparer un bon repas du midi, au cas où un de ses trois fils vienne casser la croûte chez elle. L'après-midi, c'est tricot, comme si elle continuait à vouloir être la jeune couturière qu'elle n'a jamais été. Et le soir, à 17 heures, elle prépare le dîner, pour Gérard et les enfants qui passent souvent. Coucher 22 h 30, après le film du soir. Chaque jour se ressemble, et c'est pas plus mal comme ça.

Rose et Marcel, les grands-parents

Dans le Nord-Pas-de-Calais, jamais on mettrait les grands-parents en maison de retraite. Ici, ils ont un nom pour désigner les établissements du genre : « l'mouroir ». Et comme les grands-parents, c'est ceux qu'on respecte par-dessus tout, pas question de les laisser aller au mouroir comme de vulgaires inconnus en fin de vie. Chez les Ch'tis, l'âge amène le respect, et même si les plus jeunes semblent parfois ne pas se souvenir de tout le respect qu'ils doivent aux aînés, avec le temps, ils comprennent que leurs grands-parents sont de véritables mémoires de leur culture ch'ti.

A 82 et 84 ans, Rose et Marcel ont passé toute leur vie ensemble, dans leur village natal de Mastaing. Un village fleuri de quelques centaines d'habitants (884 à la dernière estimation), situé à 20 kilomètres au sud de Valenciennes, où il a toujours fait bon vivre. Comme ils ont traversé le siècle avec les autres Ch'tis, ils n'ont pas été épargnés par les transformations de la région. Il faut dire que, comme tous ceux de leur génération, les Van der Velde sont quasiment nés dans la mine. Marcel devait en faire, du chemin, afin de rejoindre la mine tous les matins. A l'époque, même s'il y avait les congés payés, les 35 heures, ça n'existait pas encore ! Comme le dit souvent Marcel : « La chtite Aubry, la tout compris. L'trinte-cinq heures, cétions in rêve. » Communiste de cœur, syndicaliste pour le compte de la société minière qui l'employait, Marcel a gravi les échelons de son entreprise jusqu'à la grande crise sidérurgique des années 1980. Du jour au lendemain, il s'est retrouvé sans le sou, et surtout l'honneur bafoué : une vie de labeur soldée au nom de la compétitivité. Il osait plus revenir chez lui le soir, Marcel. Comme si Rose l'aimerait moins parce qu'il n'avait plus de travail...

Alors, à 59 ans, il a dû tout recommencer. Faire des petits boulots à droite et à gauche pour nourrir la famille. Avec ses amis syndicalistes, ils se sont battus pour les gars, battu pour que les jeunes aient un meilleur avenir au pays du charbon et de la silice. Maintenant, il regarde ça avec philosophie parce qu'il sait que son combat était juste, que, grâce à lui et aux autres, des centaines de milliers de familles ont pu retrouver des sources de revenu en bossant dans d'autres usines, en suivant des formations de reclassement.

Maintenant, lui et Rose, ils ont abandonné la politique, mais ils votent toujours « dans l'même coin d'l'urne ». Un cœur rouge pour une vie sous les briques de la même couleur.

Pépé, l'ancêtre en portrait dans la cuisine

On ne sait pas depuis quand il est là, pépé, mais c'est comme si on l'avait toujours vu trôner dans la cuisine. Une photo, en noir et blanc qui tire vers le sépia, en costume de mineur, le regard fiévreux et le visage noirci par le charbon, le port de tête bien droit, avec une lampe frontale vissée sur son chapeau. Une sacrée allure, pépé, un beau gars même, dit sa petite-fille qui a grandi avec sa présence invisible dans la cuisine familiale.

Pépé, personne ne connaît son prénom. Même pour ses enfants encore vivants, c'est « pépé ». Pour les voisins, c'est « pépé Van der Velde », « rin d'pluche ». Avant de déménager à Mastaing après la première « grinde guerre », il était toujours resté à Flines-les-Raches, un hameau où tous les Van der Velde habitaient. Partir à Mastaing, à l'époque, c'était l'aventure, presque un acte de rebellion. Il faut dire que le pépé, c'était pas un type comme les autres. Il était pas du genre à se laisser marcher sur les pieds. Il avait fait les tranchées. Un vrai gars du Nord qui s'était défendu bec et ongles face aux Boches, aux Chleuhs, aux Schmidt, baïonnette à la main. A l'époque, pépé, il était pas ch'ti. Il était juste du Nord. Tout simplement parce que si vous aviez prononcé le mot Ch'ti au début du vingtième siècle, tout le monde se serait moqué de vous.

C'est pendant la guerre, la Grande, celle des nuits blanches enfoncé dans la boue avec les rats et la Grosse Bertha qui tonne sans s'arrêter, que le mot est arrivé. Pépé, c'était même un des premiers qu'on ait appelés Ch'ti. Selon la légende, c'est son 'pitaine, un brave mec du Sud, qui l'a convoqué : « Pépé, il lui a dit, avec ton acceng', moi j'comprends rien, peuchère. Tu rajoutes des "ch" à tout bout chamg'. Et ches mi par ci, et ches ti par là. Un vrai Ch'ti, mi putaing' ! »

Vous voyez que c'est pas n'importe qui, pépé : le premier Ch'ti de la terre, oui ! Un poilu qui a reçu toutes les médailles militaires pour son engagement du côté de la patrie, et qui a en plus réussi à redonner ses lettres de noblesse aux Picard de tout le pays. Un Ch'ti, le pépé, un vrai.

CINQ BONNES RAISONS D'ÉPOUSER UNE CH'TI :

1. Elle ne dit rien quand vous rentrez avec quelques verres dans le nez.
2. Elle a l'habitude de faire à manger pour toute la famille.
3. Si vous l'emmenez au sud de Lens, elle a l'impression d'être sur la Riviera.
4. Son cousin imite très bien Dany Boon.
5. Elle vous accompagne volontiers en club échangiste, mais ne vient pas vous embêter au bistrot.

QUI VEUT GAGNER DES MILLIONS... DE COPAINS CH'TIS ?

« Avor eun' copin ch'ti, chest pou la vie. (Les excellentes relations diplomatiques entre nos deux pays sont le ferment d'un avenir radieux.) »

Lyndon Johnson après sa célèbre rencontre à Maubeuge avec le général de Gaulle

Vous êtes de passage à Ch'ti-land, dans le Nord-Pas-de-Calais ? Voire, vous avez décidé de vous y installer ? Le présent chapitre décrit une journée type de la vie quotidienne de nos amis les Ch'tis et vous propose une série d'exercices pratiques qui vous permettront de mieux appréhender le quotidien des Ch'tis, de mieux l'adopter. Glissez-vous dans leur peau, apprenez à vous fondre dans la masse, à écouter et apprendre sans passer pour le touriste de passage...

6 h 30 du matin : au bistrot

> « Bilooouuute, j'ai choif ! (Auriez-vous l'amabilité de me servir à boire ?) »
>
> Serge Gainsbourg en tournée à Gravelines

Le contexte

6 h 30 du matin... Vous venez tout juste de sortir de votre chambre d'hôtel sur la Zone industrielle de Bestrac, dans la banlieue de Béthune, et vous avez décidé de vous mêler à la population locale afin de vivre le frisson ch'ti dès le début de journée. Eh oui, vous êtes un aventurier, un vrai, du genre qui n'a pas peur d'affronter la fine grêle en ce matin pluvieux...
Quand vous mettez le bout du nez dehors, les mouettes sont déjà réveillées, et vous manquez de peu une déjection qui était destinée à votre pardessus.
Le col remonté, les mains bien enfoncées dans les poches, vous foncez dans votre voiture, à la recherche du premier bistrot pour y boire un petit café, histoire de vous réveiller.

Coup de pot, sur la Route de Calais, une enseigne lumineuse clignote de mille feux. Ça a l'air ouvert : marche arrière, créneau, vous y êtes ! Il ne reste plus qu'à en pousser la porte...

Le lieu

L'accueil des Ch'tis, vous en rêviez, eh bien, en entrant *Au Ch'Nord* (le nom du bar où vous vous êtes arrêté), vous n'êtes pas déçu. Sauf que les grands rires que vous entendiez de dehors se sont arrêtés au moment même où vous avez mis le pied à l'intérieur du bar – enfin, de l'estaminet. Auriez-vous l'air si étranger à ce monde que ça ? Il n'y a qu'une petite dizaine de personnes dans le bar, et elles ne boivent pas que de l'eau. La Jupiler, la bière locale, semble couler à flots, et vous vous demandez même si on y sert autre chose. Peut-être vous êtes-vous trompé et avez atterri dans une *after-party* ch'ti ?

Votre mission...

Votre mission, si vous l'acceptez, est de ne pas avoir l'air du Parisien ou du Marseillais fraîchement débarqué en territoire ch'ti. Mais attention, car ce que vous espériez être une mission calme et sans danger peut vite s'avérer être un piège qui se referme sur vous.

En effet, si vous imaginiez pouvoir vous en tirer à bon compte en criant « Biloooooute ! » au bar et en commandant une bière que vous recracheriez dans la seule plante verte (en plastique) du bistrot, vous vous fourrez le doigt dans l'œil... Il va falloir tenir l'alcool pendant 30 minutes (soit une bonne dizaine de chopes), et ce à 6 h du matin, tout en essayant de sympathiser avec vos nouveaux amis ch'tis...

Les attitudes-clés

Au bar, adoptez la position dite « de l'amarre » : un bras posé sur le comptoir, l'autre mollement accroché au pied de la chope.

Ne vous forcez pas à parler si vous n'en avez pas envie : mieux vaut passer pour un « taiseux » du cru qu'une grande gueule du Sud. Pour paraître plus couleur locale, achetez *La Voix du Nord*, édition de Béthune, et ouvrez-la directement aux pages locales, qui détaillent la vie du canton. Soupirez longuement devant la liste des faits divers et soufflez un bruyant « Mandieu', cte drache... » quand vous regardez dehors en regardant la pluie. Une fois votre bière finie, commandez-en une autre : « Eune tchtiote bire ! »

La phrase qui tue

«Vingt diousse de brun, posse l'caillele et sers min eun tchiot jaune ! »

Eh oui, vous ne savez pas commander que de la bière en ch'ti, à présent vous pouvez également commander un petit pastis... Et ça vaut mieux, car aucun Ch'ti travailleur qui se respecte ne va se rendre au travail en empestant la bière. Il respecte trop ses collègues pour ça et préférera prendre un petit pastis avant de partir, même si ce n'est pas une boisson typiquement locale... Asseyez-vous sur votre « caillele » (chaise) et dégustez ça en regardant les yeux ébahis de vos voisins ch'tis...

Si vous êtes mal engagé...

Vous êtes mal tombé, ce n'est pas le matin où le Ch'ti est forcément le plus accueillant. Alors, si vous n'avez pas la bonne manière de prononcer les quelques tirades ch'tis que vous avez en réserve, n'hésitez pas une seconde : balancez que vous êtes le fils d'un aviateur américain qui était tombé amoureux d'une belle Ch'ti à la Libération et qui s'étaient mariés et eurent beaucoup d'enfants.

Expliquez que votre accent est légèrement américain plus que ch'ti, mais que vous êtes à la recherche de votre famille, qui habitait Plonton-lez-Béthune. Normalement, les 10 armoires à glace que vous croisez devraient vous adresser des regards plus doux qu'auparavant... Elles pourraient même aller jusqu'à vous offrir une Jupiler en vous donnant de grandes claques amicales dans le dos.

Devenez plus ch'ti que ch'ti !

Pour devenir encore plus ch'ti que les vrais Ch'tis, vous pouvez...

- déplorer l'interdiction des paris sur les combats de coq ;
- mettre un bout de chique dans la bouche (attention l'haleine...) ;
- dire d'un nouvel arrivant que vous doutez de son appartenance à la nation ch'ti ; (« In écrit chti ou ch'ti, ch'timi ou chtimi, ch'est parel, ch'est pas mi qui vous arproch'ra quéquose. »)
- entonner une chanson au bout de huit chopes (voir section dédiée au sujet) ;
- sortir la blague grivoise, en ch'ti, qui fera éclater de rire toute l'assemblée (idem).

Les quelques échanges de phrases dans des situations données que vous trouverez ci-dessous vous permettront de passer pour un parfait Ch'ti, à l'aise à l'estaminet et sachant boire et rigoler.

Commander un verre...

— Bin alors, mon quinquin, kestu veux ?
— Biloute ! Une chtite bibine avec eun picon !
(— Bonjour, monsieur, que désirez-vous ?
— Ah, ce sera une belle bière légèrement rehaussée d'une goutte de picon.)

Commander un café

— Bin alors, mon quinquin, kestu veux ?

— Biloute ! Eun tasse eudju !
— D'la chauchette ou d'la rappache ?
— Eun chauchette, j'ai l'bidon artourné...

(— Bonjour, monsieur, que désirez-vous ?
— Ah, un petit café me ferait le plus grand bien...
— Allongé ou serré, le café ?
— Oh, plutôt allongé. Je suis légèrement dérangé sur le plan intestinal.)

Discuter avec la serveuse...
(indispensable pour faire ch'ti, le Ch'ti est convivial et ne reste pas dans son coin)

— Biloute ! Encore eun aut' chope et eun bistouille !
— Man Dieu, l'arsoule cui lo... Nequ'six heures !
— Acoute, Morie, chuis pas n'abloqueux. Ch'travaille mo !
— Min ouaich meuh tu m'reluques tout l'journée !
— Faut qu'jtrisse, m'serait bin plus tatasse l'glaines !
— Baisse min babache min biloute !

(— Mademoiselle Marie, un autre verre de ce breuvage tiré du houblon, et un café-calva !
— Mon Dieu, quel ivrogne... Il est à peine six heures du matin !
— Ecoutez, ma chère Marie, je ne suis pas un fainéant, j'ai un travail et besoin de prendre des forces pour affronter mon dur labeur !
— Peut-être, mais vos heures libres, c'est ici que vous les passez, à me faire la cour...
— A présent, il me faut partir. J'aurais eu plaisir à rester en votre compagnies, mais baste !
— Allez, donnez-moi un tendre et chaste baiser sur la joue pour ma peine !)

Taper une cigarette (au prix actuel du tabac, ne tentez pas cette approche tant que vous n'avez pas une parfaite maîtrise du milieu ch'ti)

— Biloute ! Eut pourrais m'offer eun cibiche ?
— Min, ouaiche, t'as queul gueul' pour fumer toué ! Eut un drôle d'galibot...
— Mais ui eum rojin, chuis pauf' mi. Chais po l'doup.
— Fume po in goyau. Ça vo explosé al grisou !

(— Ma chère Marie, auriez-vous l'extrême obligeance de m'offrir une cigarette ?
— J'accepte, mais vous rappelle que vous n'avez de cesse de m'en quémander. Vous êtes un drôle de petit sacripant.
— Mais, ma chère, je suis pauvre, voire parfaitement désargenté.
— Faites attention à ne pas l'allumer lorsque vous vous trouverez au fond de la mine ou alors vous vous exposez au grisou !)

8 h : à l'administration

« Eul foncchionaire ch'est point l'abloqueux, ch'est jusse l'immerdeur. (Nos fonctionnaires sont des gens tout à fait compétents, ils doivent cependant apprendre à mieux servir le public.) »

Nicolas Sarkozy en campagne électorale à Flers-en-Escrebieux

Le contexte

Le Nord est un pays profondément social où la notion de service public est très forte. La poste, les impôts, l'ANPE, etc. sont autant de lieux de rencontre où l'on va pointer avant de se rendre à son travail. Il faut dire qu'avec le fort taux de chômage qu'a dû subir la région après la période de crise industrielle dans les années 1980, on se retrouvait finalement plus dans la queue de l'ANPE, dans les banlieues de Roubaix, Tourcoing, Arras ou Douai... L'administration ch'ti est le plus souvent peuplée de Ch'tis purs et durs qui vous serviront assurément mieux si vous vous annoncez comme un ch'ti gars du coin. Oubliez donc vos grandes manières de Parisien arrogant ou de Marseillais détendu : ici, vous êtes chez les Ch'tis, et chez personne d'autre !

Le lieu

On a souvent une image un peu grise et terne de l'administration. Ici, rien de nouveau, puisque le Nord-Pas-de-Calais est lui-même connu pour ne pas briller par la gaieté de ses lieux. Dans l'administration, désargentée suite aux très forts besoins de la population, vous n'allez pas trouver des *bimbos* au sourire éclatant ou des policiers *bodybuildés*, huilés et bien bronzés. L'important, c'est l'entraide, rien de plus. On repassera donc pour le côté glamour des lieux. La poste, tout d'abord, est bondée à partir du 3 du mois, date où le RMI et le chômage tombent.

Vous aviez un colis à poster le 3 au matin ? Partez en courant ou prenez votre mal en patience, car la file peut dépasser les deux heures au bas mot... Une réclamation à faire au poste de police un dimanche matin, en pleine braderie de Lille ? C'est sans penser au fait que la nuit a été très longue en altercations entre Ch'tis un peu éméchés. Là encore, choisissez mieux votre période de visite...

Votre mission...

Votre mission, si vous l'acceptez, sera d'aller à l'ANPE de Roubaix, afin de postuler à un travail dans le coin, en vous faisant passer pour un Ch'ti pur jus, et à décrocher un entretien d'embauche le plus vite possible. Imaginez qu'on vous ait muté dans le coin, et que vous ayez ensuite perdu votre boulot... Il faudrait bien se remettre à chercher de quoi manger ! Emmenez donc votre CV prouvant que vous n'êtes pas du coin et arrivez à charmer l'administration et la guichetière du guichet 19B pour ne pas rester sur le carreau plus longtemps...

Les attitudes-clés

Un Ch'ti ne se vend pas. Il le dit souvent lui-même : « Chuis po in vinduie. » Alors oubliez vos sourires de VRP des années 1950, version *ultra-bright*. Le Ch'ti, on le prend dans une société parce qu'il bosse bien, qu'il est robuste, qu'il ne va pas vous prendre la tête à la moindre occasion et qu'il est sérieux et fidèle à son entreprise familiale. La conseillère ANPE vous demande si vous êtes syndiqué ? Bien évidemment !

Et depuis le début ! Car, comme tous les Ch'tis, vous appartenez à un syndicat. Autrement, vous grillez directement votre couverture... Et quelles sont ces lignes qui précisent que vous avez fait vos études à Paris ? Oh, ça ? Rien du tout, juste un passage obligé par la capitale, car votre mère n'avait trouvé du travail que là-bas. Et vous seriez prêt à aller dans quelles villes ? N'importe lesquelles, bien sûr, et même Roubaix ou Tourcoing, bien évidemment ! Ah, alors, peut-être qu'on va vous trouver quelque chose...

La phrase qui tue

« Heiiiiiiiiin ? »

Eh oui, car chez les Ch'ti, on ne s'encombre pas de « Pardon, mademoiselle, je crois ne pas avoir parfaitement saisi le sens de votre question... » ou de ce genre de rodomontades. Ici, on fait « Heiiiiiiin » le nombre de fois nécessaires, jusqu'à ce que votre interlocuteur ait simplifié sa phrase et ce qu'il veut dire. Vous n'oseriez jamais faire ça autre part ? Normal, mais ici, vous êtes chez les Ch'tis, ne l'oubliez pas, pardi !

Si vous êtes mal engagé...

Vous postulez pour un emploi de développeur internet, et votre interlocutrice vous demande si vous maîtrisez « gogole », savez « sirfer sur l'arnitoile », avez développé des « sinfurskin » et avez l' « ch'manikraque » pour créer « el mason sur el cassi d'la bouète » ? Ne paniquez pas, puisqu'on ne vous demande finalement pas l'impossible : vous connaissez Google, le moteur de recherche du même nom ?

Vous savez surfer sur Internet ? Vous avez développé des softwares et avez le matériel pour faire la page Web d'une société ? Alors répondez immédiatement un grand OUI à la DRH ou l'employée de l'ANPE, car c'est exactement ce qu'elle vient de vous demander !

Devenez plus ch'ti que ch'ti !

Si vous avez passé tous les tests précédents haut la main, nul doute qu'on va vous faire un pont d'or pour vous accueillir dans une société ch'ti ! Apprenez donc à dire merci avec la classe ch'ti qui vous caractérise désormais.

Ne dites donc pas un simple « merci beaucoup », mais plutôt « merci grammint des caups » ou « merci unne banse ». Cela personnalise tout de suite votre rapport avec vos futurs supérieurs hiérarchiques et souligne dès le début tout le respect que vous entretenez avec la culture de la région.

Les éléments de conversation clés pour réussir ses démarches administratives

Demander son RMI

— Boubourse ! Che pal doup', euj bsoin deun argint. Donne mi le chti rémi...

— Arrête tin flaminque. Pédouques po quand ti porle. T'as po d'passe-drot sur miz autres.

— Mais eun mois comminche... Faut que j'm'inpaffe.

— Allez, tiens, v'là tin argint et m'berdouille po pluche.

(— Bonjour, monsieur ! J'ai actuellement des problèmes de liquidité et aurais besoin de voir mon RMI crédité dans les délais les plus brefs.)

— N'ayez pas d'inquiétude, je vais faire en sorte que vous receviez rapidement votre prestation sociale, bien que les autres bénéficiaires n'aient pas encore été payés....

— Mais le mois commence et je suis sans le sou... et il faut bien que je mange !

— Allez, voilà le tout, et n'y revenez pas !)

Envoyer une lettre au cousin d'Amérique

— Boubourse ! Euj voudra invoyer l'colis auz tozuni am coujin

— Nev yorque ?

— Nin. Lache Vegache !

— Bin, alors. Y jue ach cartes ou al bouboule, eut coujin ?

— Heeeeeeeein ? Nanin ! I est chtritijeuje ! N'est in tranche sexe eud Maubeuche.

(— Bonjour ! Je souhaiterais envoyer un colis aux Etats-Unis.

— A New York ?

— Non, à Las Vegas.

— Mince, alors ! Il joue plutôt aux cartes ou à la roulette, votre cousin ?

— Pardon ? Non ! Il est stripteaseuse. C'est un transsexuel de Maubeuge.)

Faire sauter une prune pour alcoolémie

— I bin nigdoule mais eun prune l'est illisip'. J'peux point raquer. Chait po légal.

— Eul prune l'était po plutôt dans l'chauchette ?
— Chuis pas eun arsouille, mi, chuis pas eun manoqueux. J'm'artournais d'la fabrique.
— Zaviez dingué eun in rotar pourtint.
— C'étions pou quintourné eun étron eud'vaque !

(— J'ai reçu une amende, mais elle est illisible. Je refuse de la payer, ça n'est pas légal.
— La prune, n'était-elle pas plutôt au fond du verre ?
— Je ne suis pas un ivrogne, moi, monsieur ! Je suis une personne responsable. Je revenais tout juste du travail.
— Pourtant, vous vous étiez retourné dans le fossé !
— Mais j'ai dû effectuer une manœuvre d'urgence afin d'éviter une bouse de vache...)

8 h 30 : à l'usine

« T'es point ch'timi chi teu n'trimes point.
(La dignité du Ch'timi se trouve
dans leur dur labeur.) »

Florent Pagny manifestant pour une fiscalité équitable à Famars

Le contexte

Dans la communauté ch'ti, l'usine est aux années 1980 ce que la mine était aux années 1950. Le Nord-Pas-de-Calais est d'ailleurs resté une des régions les plus peuplées et les plus actives à cause de l'extrême activité industrielle commencée au début du vingtième siècle et ensuite développée pendant 100 bonnes années. Bien sûr, avec le temps, l'usine s'est peu à peu transformée, et les métiers du tertiaire ont pris de plus en plus de place dans le paysage de la large conurbation Lille-Roubaix-Tourcoing. Il n'empêche : des familles entières vont encore travailler dans des usines d'assemblage, que ce soit sidérurgique ou automobile, par exemple. Et comme toute microsociété, l'usine dispose d'une véritable organisation interne, souvent invisible, où un étranger a parfois du mal à s'insérer...

Le lieu

Dans les grandes chaînes de montage de Roubaix, on a appris à faire connaissance avec ses voisins ouvriers. Ce n'est pas tout d'assembler des pièces automobiles toute la journée, on se retrouve quand même aussi à la pause café de 9 h 30 et 11 h 30 et, à ce moment-là, pas question de bafouiller et de devenir le mouton noir de tous les Ch'tis qui travaillent ici depuis des dizaines d'années.

Car on est souvent fier de son usine et de ses productions. Chez Peugeot, par exemple, l'esprit d'entreprise est très grand, et des fratries entières vivent grâce à l'emploi qu'ils y ont décroché après la fermeture en masse de tous les larges sites miniers et sidérurgiques.

Votre mission...

Votre mission, si vous l'acceptez, est de réussir votre premier jour de travail sur la chaîne d'assemblage de la nouvelle Peugeot 407 Coupé 2.4 TDI. Vous serez assigné à la vérification qualité des écrous de la portière droite, et devrez vous lier connaissance avec les autres ouvriers qui sont présents sur la même chaîne qualité que vous.

Professionnalisme, connaissance de votre métier vont importer, bien sûr, mais ce sera surtout votre capacité à ne pas passer pour un « espion des patrons de Paris » qui vous permettra de nouer des amitiés fortes avec vos nouveaux collègues.

Les attitudes-clés

Première bourde à ne pas faire : arriver dans une voiture autre qu'une Peugeot au travail ! Ce serait un crime de lèse-majesté...

Si ce n'est pas le cas, garez votre voiture importée à plus de deux cents mètres de l'usine, autrement il y a de fortes chances que la fourrière la saisisse et vous l'amène à l'autre bout du département... A l'arrivée sur la chaîne de contrôle qualité, ne mettez pas tout de suite vos boules Quiès, histoire de glaner des conversations et d'entendre ce que les autres disent de vous.

Ne réagissez surtout pas si on vous traite de « Maquaille » (c'est juste que vous avez l'air d'avoir froid), qu'on vous propose du « rappache » (du café réchauffé) et si on vous demande si vous préférez « monter au mur » ou de « la cauchette » (café fort ou café léger ?).

Quelques sourires suffiront et, si vous ne connaissez pas les mots, ouvrez la bouche en faisant semblant de parler. Vu le bruit des machines, on croira juste que vous parlez trop bas.

La phrase qui tue

A la pause-café, proposez une « rinchette » en plus du « d'ju » : eh oui, il n'est pas rare que, pour reprendre des forces, on sorte une bonne bouteille de sous la machine à café et qu'on rajoute une petite goutte de genièvre, l'alcool local, dans le café.

Cela donne chaud au cœur et si vous avez amené votre rinchette vous-même (évitez de l'acheter au supermarché, mais plutôt chez un petit producteur local), vous risquerez fort d'être très populaire très vite.

Si vous êtes mal engagé...

Vous ne comprenez rien aux instructions du contremaître ? On vous donne des notices de montage en ch'ti ? Vous préférez Renault à Peugeot ? Vous n'aimez pas le genièvre et encore moins le café réchauffé ? Vous trouvez que la vie en usine est vraiment monotone et oubliez de resserrer les boulons mal posés ? Désolé, nous ne pouvons rien pour vous ! Une seule solution : la fuite à grandes enjambées, vers la première gare TGV, et prenez un aller simple pour la destination le plus lointaine possible.

Devenez plus ch'ti que ch'ti !

Vous voulez vous imposer dès la première heure ? Allez voir le DRH de l'entreprise avant le début du travail et annoncez-lui que vous voulez adhérer à un syndicat, voire en fonder un ! Si vous avez l'âme créatrice, donnez-lui un nom ch'ti du genre « Le Ch'ti Arkinké » (Pour un Ch'ti en bonne santé), qui insistera sur les bonnes conditions de travail dans cette grande entreprise aux rythmes inhumains. Vous allez voir, tous vos autres copains syndiqués (c'est-à-dire 100 % des travailleurs de l'entreprise) vont vous inviter à boire des coups après le travail !

L'usine est un endroit clé de la vie sociale du Ch'ti (enfin c'est plutôt l'estaminet, mais l'excellente tenue du présent ouvrage nous force à rester politiquement corrects) aussi, les scènes qui vont suivre vous permettront de mieux vivre votre intégration dans le monde du travail des Ch'tis.

Parler du film de la télé avec ses collègues

— Z'avions vu eul fim du Dany Bon ?
— Min Dieu, bin ouais, ch'est po terrip'. Comme si qu'on parlait que ch'ti.
— Min ouaiche, biloute, comme si qu'on f'sait que d'chucher. Ch'est eun brele d'dire ço.
— N'impeche, el Kod Morod, eul flaminque. J'comprends rin avec chin accint.

(— *Avez-vous vu hier soir le film de Dany Boon,* Bienvenue chez les Ch'tis *?*
— *Oui, mais j'ai quelques réserves sur la qualité intrinsèque de cette œuvre cinématographique. Le film donne le sentiment que nous ne sommes pas capables d'articuler une langue autre que notre beau ch'ti...*
— *Oui, j'abonde dans votre sens. Nous avons pourtant une belle maîtrise de la langue de Molière. Il me paraît insultant de faire croire le contraire...*
— *Et puis, ce Kad Merad, je ne comprends pas un mot à son babil. Impossible de me faire à son accent !)*

Draguer une secrétaire

— Hein, mo babache, ch'invite in diner candelle, tout rate. Teu sais t'rabouliner ?
— T'caire pou mi ?
— Heiiiiin ? Nin. Ch'veux jus t'invitationner pour discutailler.
— Okaye ! Passquy'a les Ingliches qu'a déborqué à Dinkerque.
— Pas d'souci, faut jusse point oblier eul tampax ?

(— *Ma chère et tendre amie, accepteriez-vous de venir dîner aux chandelles, ce soir, en ma compagnie ? Pourriez-vous vous libérer ?*

— Dois-je en conclure que vous éprouvez des sentiments pour moi ?

— Diantre, non ! Mon seul désir est d'apprendre à connaître ta beauté intérieure.

— Alors, je peux venir malgré mon indisposition passagère ?

— Certes ! Cependant n'oubliez pas de vous munir d'un tampon si vous êtes en plein syndrome de prémenstruation.)

Insulter le contremaître

— T'as alleumer tin mochine ?

— Nin, mi, ch'fais toudis à m'mote !

— Cha fait un heure qu'tu poses malat' !

— Faux ! Chais encore des gales à min mains. Minteux ! Balou d'andoulle d'biec-bos.

— T'es quin abloquex.

— T'es con comme un ramon, to gueule !

(— Avez-vous mis en route votre machine ?

— Point encore, j'ai décidé d'aller mon train. M'avez-vous compris ?

— Mais voilà bientôt une heure que vous vous vautrez dans l'oisiveté...

— C'est tout à fait inexact ! D'ailleurs me mains me font encore atrocement souffrir. Vous êtes un jean-foutre et un menteur !

— Et vous un petit fainéant !

— Vous êtes un idiot, veuillez vous taire !)

15 h 30 : réunion syndicale

« L'chyndicat ch'est not père, la fabrique ch'est not mère, chaleté d'famile ! (Les syndicats et les entreprises ont vocation à travailler main dans la main.) »

Laurence Parisot en visite à la fabrique de poteries chinoises de Vraignes

Le contexte

Cela fait désormais plus de trois semaines que vous êtes entré dans votre nouvelle entreprise et vous sentez bien que vous n'êtes pas encore totalement considéré comme un Ch'ti pur jus. Que faire pour améliorer votre statut dans l'entreprise ? Quelles actions folles êtes-vous prêt à commettre ? Rien de tel qu'une réunion syndicale pour vous intégrer une bonne fois pour toutes. Cela tombe bien, vous avez vu une affiche collée dans la salle de pause qui annonce « Ch'tite réunion étage 3, 15 h 30 ». Alors, prenant votre courage à deux mains, vous enfilez votre t-shirt de syndicaliste à qui on n'en conte pas et vous dévalez les marches afin d'arriver à l'heure. Vous n'êtes pas seul : une large foule se masse devant la porte du local...

Le lieu

Etes-vous vraiment à une réunion syndicale ? Parce qu'en fait, on croirait plus la fête de l'Humanité : tout le monde a une cigarette au bec, la bière sort directement d'un fût, et tout ça gratuit ! Au moins, ils savent vous convaincre de rejoindre leur syndicat...

En tant que nouvel arrivant, il va falloir vous présenter. Vous tentez de vous caler dans un coin de la salle, mais tout le monde porte un regard bienveillant vers vous, bien heureux que « l'nouvo é bin y vieunne à l'réuinion »... Même le patron de l'étage passe boire un verre, détendu et jovial avec tous les syndicalistes.

Votre mission...

Votre mission, si vous l'acceptez, sera de vous intégrer dans le syndicat de votre choix et de vous proposer en porte-parole, afin d'entretenir des relations directes aussi bien avec la direction que les médias ou les autres employés. Pour cela, il faudra convaincre votre auditoire de votre connaissance du milieu ouvrier ch'ti depuis un siècle, mais aussi briller de manière oratoire, aussi bien en français qu'en ch'ti...

Les attitudes-clés

Détendu, vous avez compris que les réunions syndicales ne sont pas qu'une lutte entre ouvriers et patrons. Dans le Nord, l'esprit des entreprises familiales domine, et les différentes parties se respectent et se tolèrent le plus souvent dans une bonne entente.

Attention, cependant, le véritable ennemi, c'est « les gins d'Poris », pas le contremaître de l'entreprise, qui vient du même village que vous et dont vous connaissez parfaitement la famille depuis des siècles.

Apprenez également quelques bases du syndicalisme local, comme la fameuse Bourse du Travail, où se retrouvent les plus grandes réunions du genre à Lille depuis 1896, dans un lieu historique fondé par le Syndicat des typographes. N'hésitez pas à citer Charles-Eugène Venant, grand manitou du syndicalisme né à Lille en 1868, ou même Gustave Delory et Henri Cnudde. A la fin de vos discours, saluez-les par un vibrant : « Ad'soubit l'Gustav' ! », comme si vous alliez le rejoindre au firmament de la lutte syndicale...

La phrase qui tue

« Mes gins... »

C'est ainsi que vous devrez commencer chacune de vos interventions, vous adressant au public le plus global, hommes et femmes. Ainsi vous saurez capter l'attention de l'auditoire et le mettre directement dans votre poche.

Surtout, ne parlez pas qu'aux hommes, car les ouvrières ont toujours été très considérées en milieu syndicaliste nordiste, comme en hommage à sainte Barbe, patronne des mineurs qui a toujours veillé sur les travailleurs ch'tis.

Si vous êtes mal engagé...

On a beau être syndiqué, on en reste pas moins un Ch'ti qui aime s'amuser. Vous sentez un peu de dissipation dans l'auditoire ? Un grand trou après une faute en ch'ti ? Une mauvaise mimique sur le visage du responsable syndical ? Proposez simplement d'aller « chiker eune gerzelle », c'est-à-dire s'en envoyer un derrière la cravate, pour se rafraîchir le gosier avec une bonne mousse bien fraîche. Ça détend les rapports sociaux en toute circonstance...

Devenez plus ch'ti que ch'ti !

Si vous entendez cette phrase à la fin de votre discours (« In parle le ch'ti, qui est parlache d'ches gins de ch'Nord. »), c'est que vous êtes encore plus ch'ti que le plus ch'ti des Ch'tis. Et quoi de plus beau que d'entendre un vrai Ch'ti vous féliciter pour la connaissance de la culture de sa région ? Car une fois que vous serez adopté dans le syndicat de votre entreprise, toutes les portes vous seront ouvertes : réductions sur les spectacles, prix sur l'achat en masse de bonnes bouteilles et voyages en vacances d'été pour votre progéniture à un prix canon. Alors, elle est po belle la vie, heiiiiiiiin ?

La réunion syndicale pourrait vous permettre de vous affirmer en tant que vrai Ch'ti. Et, qui sait, pourquoi pas vous emmener tout en haut de la pyramide sociale : délégué syndical CGT !

Faire un discours devant les syndiqués

Ch'est l'année qui vint,qu'in n'arra bzoin eud note répertoire d'insultes !

Ch'est les zélections.

In n'a pon fini d'intende tous ché « Prométeux d'biaux jours » .

Fau pon qui crottent qu'in est des « gobeux d'eus ».

In est pos des « nonoches, des ingoziles, des babaches, des nébeulés, des pleupleus », tout de même ! Vos savé po ?

Ya un nouviau candidat (ichi ya pris huit jours eud congés pou préparer eus campagne !)

Sin slogan ch'est : HALTE A L'INJUSTICE : VOTEZ « FRANCKY ». VOTEZ MALIN : VOTEZ MINCOIN.

(Mes chers amis, l'année commence, et nous allons devoir trouver de nouveaux noms d'oiseau pour les hommes qui dirigent notre société...

Le temps des élections est arrivé, et nous n'avons pas fini d'entendre tous ces beaux messieurs nous faire des promesses qu'ils ne tiendront certainement jamais...

Il ne nous faut pas croire toutes leurs sornettes !

Nous ne sommes ni des imbéciles, ni des idiots, ni des crétins, ni des attardés.

Notre nouveau slogan sera : HALTE A L'INJUSTICE : VOTEZ FRANCKY VAN DER VELDE. VOTEZ MALIN : VOTEZ POUR MOI.)

Organiser une grève (attention, l'opération est délicate, mais vous pourrez ici montrer votre âme de chef et votre à-propos)

— Mintenin, in faut organinsé l'greffe. Ti, Morie, acat eul bibine.

— Queul roce ?

— Heiiiiiiin ? Jupiler, min Dieu !

— Et mi ?

— Ti, l'Michoel, eun carbonnade. Bin caude, hein !

— Ui, Francky !

— Et ti, l'fiu, ti ressortins eun pincorte eud'36, ça s'ro okaye !

(— Il nous faut à présent prendre les choses en main. Mademoiselle Marie, vous serez chargée de nous ravitailler en boissons brassées.

— De quelle marque les désirez-vous ?

— Mais c'est pourtant évident, de la Jupiler, pardi !

— Et moi, quel est mon rôle dans le dispositif ?

— Vous, Michael, vous prendrez en charge la carbonnade. Et faites en sorte qu'elle soit bien chaude !

— Oui, Francky.

— Quant à vous, noble vieillard, pourriez-vous ressortir les pancartes qui on fait la gloire de l'année 1936, car je les pense toujours d'actualité ?)

Trouver un slogan (Un bon slogan sera repris et commenté pendant les heures de bistrot. Aussi il est indispensable que votre slogan fasse mouche.)

L'POURCHOT D'PATRON AU MUR !

(Le patron en prison !)

PLUCHE EUD'DOUPES, MINS D'JOB

(Travailler moins pour gagner plus)

TAIS T'TEU GORCHES A NOEUD D'PATRON

(Patron : nous vous demandons de bien vouloir faire silence !)

18 h 30 : en famille, à la maison

Onné bin as baraque asteure.
(Quel plaisir de se retrouver dans le charme douillet de ses douces pénates.)

Albert de Monaco rentrant dans sa résidence secondaire de Poix-du-Nord

Le contexte

Chez les Ch'tis, la famille c'est sacré. Et pas besoin d'être religieux, dans le Nord-Pas-de-Calais, pour mettre par-dessus tout la famille.

Dans le Nord, on vit souvent à plusieurs générations sous un même toit : la grand-mère au rez-de-chaussée de la petite maison ouvrière en brique rouge, les parents à l'étage et les enfants dispersés dans les pièces restantes.

La réalité physique des corons, il faut dire, a poussé les différentes générations à cohabiter dans la meilleure intelligence puisque les habitations étaient déjà toutes proches les unes des autres, et on partageait souvent un jardin avec plusieurs voisins. Se faire accepter dans une famille ch'ti, c'est peut-être ce qu'il y a de plus facile.

En tout cas, si on vous laisse franchir le pas de la porte. Car le foyer ch'ti est un monde bien à part qu'aucun dérangement ne doit venir troubler...

Le lieu

Vous garez votre voiture immatriculée « à l'tringer » (à l'étranger, vu que c'est du 75, 57 ou 13 !) juste devant le n° 158 de « la grinde rue », à Marquion, non loin de Cambrai. La rue est calme, très calme. La maison est en briques. Rouges. Pas de barrière ni de grille devant ; les rideaux ne sont même pas tirés et on peut apercevoir une famille massée autour d'une table en formica blanche.

Ici, on ne se cache pas, puisqu'on se connaît tous. Un jappement interrompt votre moment d'observation : c'est Quienquenpiss (« Chien qui pisse »), un gros bâtard noir hirsute, qui annonce votre venue. Papa Van der Velde tire la porte, le petit Francky entre ses jambes, le pouce dans la bouche, les genoux traînant par terre. « Qué quin veux ? » vous demande-t-il.

Votre mission…

Vous faire accepter par cette famille, bien sûr ! Mais pas seulement par le père avec qui vous travaillez quotidiennement à l'usine, mais également avec toute la tribu Van der Velde présente ce soir-là : son épouse, les grands-parents, les enfants et même le « quien » ! Plus encore, il faudra que vous vous fassiez à leur rythme de vie, acceptiez de manger tout ce que la maîtresse de maison vous présentera et que vous puissiez être totalement à l'aise dans les discussions de la soirée.

« Pass mi l'accorchu pour faire d'la tart' à prones. »

Si vous sortez ça au moment du dessert, vous passez pour un véritable invité de choix : vous voulez prendre un tablier et vous vous proposez à préparer une fabuleuse tarte aux pommes ! C'est le dessert préféré des Nordistes, et il y a fort à parier que, si vous avez emporté des pommes, vous serez bien vu de toutes les générations.

Si vous êtes mal engagé...

Détendez l'atmosphère par une histoire drôle ! Surtout une bonne cafougnette, qui fera rire toute la famille et devrait vous attirer la sympathie des anciens (qui s'en racontaient pendant la guerre) et des petits, qui les préfèrent aux blagues de Toto :

Madame Cafougnette va chez le médecin toutes les semaines.

— Docteur, j'cros qu'min cœur i bat trop vite ! Docteur, j'cros qu'mes boïaux i sont loïés ! Docteur, j'cros que j'vas pas passer l'hiver !

A chaque fois, le médecin la rassure. Puis il ne la voit plus pendant six mois.

Un jour, elle réapparaît dans son cabinet.

— Ah ! Ch'a fait longtimps que je ne vous avais pas vue !

— J'n'ai pas pu v'nir ! J'ai été malate ! !

Devenez plus ch'ti que ch'ti !

Comme les Ch'tis ont l'habitude de manger tôt (normal, on se lève tôt pour travailler, et la nuit a tendance à se coucher tôt quand le ciel vire au nuageux), proposez à tous de se descendre un petit verre de genièvre dans la « gargotte », la cuisine. Ensuite, invitez le mari à aller « à la guince », histoire de se rincer le gosier un peu plus longtemps dans un estaminet du coin.

Maîtriser l'art de la conversation en famille est un élément primordial. La famille ch'ti, c'est une des (nombreuses) mamelles du Nord-Pas-de-Calais.

Faire la leçon à son enfant (L'autorité parentale n'est pas un vain mot chez les Ch'tis)

Loulousse, fo pas s'nicher au lit l'matin. T'es qu'une pigrette d'pizinque !

Y a des gampes, in dirot qui ya était ramailloté sur un tonniau! Qui va à l'ducasse perd s'place !

(Ma chère enfant, il ne faut pas que vous restiez au lit le matin. Vous aurez l'air d'une bonne à rien !

J'en viens à penser que vous refusez tout effort. Prenez garde, car en refusant ainsi l'effort, vous risquez de perdre votre emploi…)

Forcer son fils à faire ses devoirs (Mais faites attention à ne pas le braquer, il pourrait décider de tout plaquer pour rejoindre les Fatals Picards)

Hé, boubourse, ravisse ch'ti-là, y fait pas granmin d'ouvrache !

In diro qui joke à babenne.

L'aré loupaille sin bac. J'lui ai dit d'armettre cinq francs, fiu !

(Mon enfant, tu sembles ne pas consacrer assez de temps à tes études !

Ce jeune homme a l'air d'un cossard de premier ordre.

Il a malheureusement raté son baccalauréat, je lui ai conseillé de recommencer...)

Choisir l'émission télé du soir (La télévision est un facteur d'unité familiale à ne pas dénigrer. Cependant, elle ne se regarde pas passivement, et cette activité nécessite que vous preniez une part active aux commentaires si vous souhaitez faire ch'ti.)

— Y a eul Povre d'Arvo ou eul Claire Chozol eus rate ?

— Eul Mélisso Theurio Eul mérit'rait d'et' dans l'journol, de Claire Chozol...

— To goule ! Y a l'Povre qui porle d'Douais. Y dit qu'des babaches. C'te boubourse, chuis sûr qu'il a eun biloute...

— Pourtint, il a l'crone en piau d'cul. L'est un coureux qu'aime les biaux cassis.

— L'a lutiné eul Claire Chozol, t'crois ?

— Heiiiiiiin ? Min Dieuie, faut qu'y m'mettent eun p'tit d'côté.

— Qui présente les actualités ce soir ? Patrick Poivre d'Arvor ou Claire Chazal ?

— Et Mélissa Theuriau, elle n'y est pas ? Quel dommage, elle mériterait de présenter le journal de 20 h.

(— Faites silence ! Patrick Poivre d'Arvor parle de Douais. Il semble dire des choses qui ne sont pas en phase avec la réalité, cet imbécile. Je suis sûr que son organe génital est des plus minuscules...

— En tout cas, il est bien chauve et c'est un sacré coureur qui aime les belles femmes.
— Penses-tu qu'il ait pu avoir une relation coupable avec Claire Chazal ?
— Pardon ? Si c'est le cas, il faudrait qu'ils me mettent un petit de côté !)

— T'veux r'gorder la zéfine anche gordien vec lo Mimie Mothy ?
— Nanin, le Delorue, ches mieux, y a des tranches chexes eud'Béthune.
— Y a po la cousine au quinquin ?
— Celle qu'a eun biloute ? Bin ouais !

(— Désireriez-vous regarder Joséphine, Ange gardien, avec Mimie Mathy ?
— Non, je préférerais regarder l'émission de Delarue qui porte aujourd'hui sur un sujet qui m'intéresse. Il va évoquer la question des transsexuels à Béthune.
— Aura-t-il invité votre cousine ?
— Celle qui a encore un organe masculin ? Oui, ce me semble !)

21 h : au stade avec les Sang et Or

« L'Chang et Or ch'est point des berdouilleux. (Les footballeurs lensois sont d'une agilité et d'une efficacité qui me laissent pantois.) »

Bill Clinton, 2006, après un match victorieux à Bollaert

Le contexte

C'est jour de fête au stade Félix-Bollaert, à Lens. Le RC Lens reçoit son rival-ami depuis plus d'un siècle, le FC Lille ! Ce derby du Nord-Pas-de-Calais est un rendez-vous incontournable de la Ligue 1 chaque année, car les places y sont pour la plupart du temps très peu chères, et des familles entières s'y retrouvent, entre frères, cousins, oncles et arrière-petits-enfants, le tout dans une ambiance survoltée. Pour vous, c'est l'occasion ou jamais de goûter à la folie des supporters des deux camps. Attention, cependant, n'allez pas crier « Allez, Lille ! » alors que vous êtes dans les tribunes des Sang et Or, comme on appelle les supporters du RC Lens. Si Lens est un club plus ouvrier, très attaché à sa base, Lille est plus bigarré. Il n'empêche : entre les deux villes, c'est une gentille rivalité de clocher qui est sous-tendue, et l'affrontement entre les forces en présence sera viril mais jamais bêtement violent...

Le lieu

Construit en 1932, le stade Félix-Bollaert est un des terrains de football les plus remplis du monde du foot puisque plus de 96 % des 41 500 places sont en permanence occupées lors des différentes rencontres... Histoire de faire le connaisseur, demandez dès le début dans quelle tribune vous allez être placé : chez Lepagnot, Tony Marek, Louis Xerces ou, derrière les buts, en Delacourt ou Trannin ? Mais qui sont ces noms que vous ne connaissiez pas il y a quelques heures : Trannin est un ancien directeur sportif du RC Lens ; Marek, un ancien joueur et entraîneur ; Xercès, un international des années 1950 ; Delacourt, l'ancien président du club des supporters ; et Lepagnot, l'ancien dirigeant et président du district d'Artois.

Votre mission...

Votre mission, si vous l'acceptez, sera de vibrer au son des chants de supporters lensois, mais aussi d'apprendre les paroles de ceux qui font la pluie (et parfois) le beau temps dans le stade Félix-Bollaert. Apprenez également les noms des joueurs sur le terrain, sachez ne pas confondre lensois et lillois (leur couleur de drapeau, leurs mimiques dans les travées des tribunes) et saluez le président du club, le mythique Gervais Martel, quand il entre dans la tribune présidentielle. Vous allez enfin pouvoir prendre tout votre bonheur à regarder un véritable spectacle populaire auquel les gens se rendent en famille, et même souvent avec leur femme !

Les attitudes-clés

A chaque fois qu'un Lensois a la balle, criez de satisfaction ; quand un Lillois l'a, hurlez comme s'il ne savait pas jouer. Un Lensois fait un tacle arrière en décollant les semelles : pas grave, c'est une erreur de l'arbitre, c'est de la « gneugneutte » ! Un Lillois a le malheur de tirailler la manche d'un milieu du RC Lens ? Hurlez de toutes vos forces : « Tare ta guiffe, boubourse ! » (Fais gaffe à toi, connard !) Bref, soyez totalement impartial, bien évidemment.

La phrase qui tue

Ce n'est pas une phrase, c'est une chanson, celle des supporters du RC Lens :

Allez, Lensois ! Allez, le Racing !
Hissez haut, le drapeau !
Tous unis sous les mêmes couleurs !
Les Secondes chantent avec ferveur !
Allez les Sang et Or !
Les Secondes chantent avec ferveur !
Tout le peuple du Nord
Est derrière toi
Te pousse vers la victoire.
Les Secondes chantent avec ferveur !
Bollaert et ses fidèles
Ont une foi éternelle
Qui t'accompagnera jusqu'à la gloire

Si vous êtes mal engagé...

Si vous sentez comme un froid dans la tribune, après que le RC Lens a encaissé six buts par Lille (buts que, bien évidemment, vous avez applaudis avec toute la ferveur d'un novice qui trouve son bonheur dans tout but inscrit, peu importe qui les met...), parlez avec vos voisins bien mornes des anciennes gloires du club : Georges Lech, la vedette du RC Lens qui a joué en équipe de France lors de la Coupe du monde de 1966 ; Jean-Pierre Tempet, le gardien mythique du début des années 1980 ; Philippe Vercruysse, le milieu offensif qui emmena Lens tout en haut de la

Division 1 ; Tony Vairelles, l'ex-attaquant de Metz qui a été adopté par Lens malgré sa coupe de cheveux digne de l'équipe d'Allemagne de 1984...

Devenez plus ch'ti que ch'ti !

Variez de chants de supporters selon la tribune où vous êtes placé :

Toutes les semaines, au stade, on va chanter
Car c'est pour le Racing qu'il faut se défoncer !
Si tu ne chantes pas, alors reste chez toi,
Tu n'es pas un Lensois, jamais tu ne le seras !

ou

Nous nous sommes les Lensois
Oh ! Lillois ! bande de fumiers
Nous n'aurons pas de pitié
Quand un Lensois va marquer
Quand le Racing marquera
Tout le stade explosera
Dans notre tribune résonnera
Le chant puissant des lensois
Lolololololo....

Dire qu'au stade on discute serait exagéré. On crie, on chante, on rote également (mais ça ne fait pas partie de ce qui nous préoccupe). Cependant, les éléments qui vont suivre vous offriront la possibilité de passer un bon moment au stade.

Pause pipi à la mi-temps (après un certain nombre de Jupiler, la pause est indispensable et est même partie intégrante de cet instant de convivialité)

Chantez :

Tout Ch'ti qui piche y tien s'biroute din s'main
Et les tros quarts eud' temps y piche eun' goutte dans s'main
Et pi qui s'la s'cou n'importe quelle fachon
L' dernière goutte ché pour ch'calçon
3, 4, 5, 6 verres, 3, 4, 5, 6 verres, 3, 4, 5, 6 cha fait eud bin.
3, 4, 5, 6 verres, 3, 4, 5, 6 verres, allez tertous in train

(Tout gens du Nord qui en vient à uriner, prend entre ses doigts,
de manière délicate, son organe.
Et les trois quarts du temps, il laisse malencontreusement une
petite goutte tomber dans sa main.
Et puis il la secoue, de n'importe quelle façon
Et la dernière goutte est pour le caleçon.
3, 4, 5, 6 verres, 3, 4, 5, 6 verres, ça fait du bien
3, 4, 5, 6 verres, 3, 4, 5, 6 verres, allez on y va !)

Parler mobylette avant le match (un élément essentiel, la mécanique des mobylettes, apprenez à en parler, vous passerez pour un enfant du pays)

— Eul démorre toudis pas eul mob ? Eul Peucheot ?
— Heiiiiiiin ? Ouais. Bin, chuis pas machinisse, mé ché d'lo bonne daube.
— Mooooon ! Eul treul' à mazout', arvends-le, fiu et acate eun carrette.
— Min, j'voudro eul tunaing alors, gros !

(— Votre deux-roues de marque Peugeot s'obstine à ne pas démarrer ?
— Oui, celui là-même. Sans être un homme de l'art, je crois pouvoir vous dire que votre véhicule est de piètre qualité...
— Mon Dieu, mais revendez-le et procurez-vous une automobile.
— Bonne idée, je pourrais ainsi m'adonner aux joies de l'amélioration du véhicule.)

Vous êtes allés dans les toilettes pour dames (à la mi-temps)

Tout ch'ti qui piche y tien s'biroute din s'main
J'ai po d'biroute, mais cha m'impeche po eud canter
Eul tampax ét bin rouche
El Sang eun Or vont gogner !

(Tout gens du Nord qui en vient à uriner, prend entre ses doigts, de manière délicate, son organe

Mais moi je n'ai pas d'organe à exhiber, mais ça ne m'empêche pas de chanter

Comme mon Tampax est bien rouge

Ça veut dire que les Sang et Or vont gagner !)

CINQ RAISONS POUR DEVENIR SUPPORTER DU RC LENS :

1. Il va y avoir de la place pour s'asseoir au stade après leur relégation en L2.
2. Vous pourrez avoir des photos dédicacées de Tony Vairelles.
3. Sang et Or, c'est plus classe que brun chiasseux.
4. La descendante de Félix Bollaert, Faustine Bollaert, est plus belle que la fille de Marcel Picot.
5. Ah ! parce qu'autrement, vous étiez prêt à devenir fana du PSG ?

23 h : au bal

« Al ducasse che point pou draguer mé pou dincher. (Je viens dans ces fêtes populaires pour m'oublier et danser jusqu'au bout de la nuit. L'amour ? Je n'y pense pas !) »

Leonardo DiCaprio en tournée de promotion pour son film *La Plage* au Number One Fever à Maubeuge

Le contexte

Le bal, c'était le rendez-vous incontournable, après-guerre, pour rencontrer des jeunes filles ou des jeunes hommes de son âge. Certes, les lieux ont bien changé, et les salles de bal ont cédé leur place à de gigantesques boîtes de nuit, tandis que les carnets de bal sont désormais des téléphones portables avec option SMS toute la nuit ! Mais dans le Nord, on a gardé la passion de la danse, sous toutes ses formes. A 16 ans, on gruge déjà à la porte pour aller oublier sa semaine de cours sur un rythme de *machina*, cette techno ultrarapide et simplifiée au possible avec laquelle on mixe des mélodies traditionnelles. Les Belges et les gens du Nord en raffolent ! Pour les plus âgés, direction le dancing, comme le Ch'Nord ou le Number One (un nom qui, il faut l'avouer, est à peu près présent dans toutes les régions de France). Parfois même, on y va en famille, et les différentes tranches d'âge se séparent dans des salles aux ambiances musicales bien tranchées : musette pour les plus vieux, rockabilly pour les parents, rock pour les jeunes rebelles et *machina* pour les danseurs pur jus...

Le lieu

« Binvnu à Number One », annonce la pancarte en lettres de lumière, au-dessus de la porte. Si vous êtes bien accompagné par un membre de la famille Van der Velde, il y a de fortes chances que vous ne fassiez pas longtemps la queue : là-bas, ce sont des habitués...

Attention cependant : ne donnez pas de pourboire au videur qui vous laisse passer en priorité, il prendrait cela pour une insulte ! Chez les Ch'tis, on est fier, monsieur ! Entrez donc d'un pas assuré et choisissez la salle qui vous plaît le plus ; mais attention, pas question de passer la soirée accoudé au bar : il vous faudra danser, et ce, jusqu'au bout de la nuit...

Votre mission...

Votre mission, si vous l'acceptez, sera de « draguer local », sans vous griller avec la moitié de la boîte de nuit. Car, attention, la Ch'ti est du genre aguicheuse et danseuse, mais est très fidèle à son homme ! Ne vous faites pas obligatoirement de fausses idées, car si une fille accepte de danser avec vous, ce n'est que de l'amusement, et son petit copain risque fort de vous surveiller du coin de l'œil s'il vous prenait la mauvaise idée de lui voler un baiser. Observez donc bien qui semble plus libre qu'à l'habitude avant de vous lancer dans une grande partie de drague effrénée sous les décibels de la boîte de nuit Number One.

Les attitudes-clés

Le maître mot, c'est « bouge ton corps ». Car si le Ch'ti a travaillé toute la semaine et toute la journée, il ne lui en reste pas moins un réservoir de force incroyable quand il est temps d'aller « guincher » et faire la fête pendant des heures et des heures. Ici, les boîtes de nuit sont placées dans de grandes zones industrielles afin de ne pas gêner les voisins avec les basses de la sono ou les incessantes allées et venues des voitures (passées au préalable par la case tuning, de préférence). Lancez-vous donc directement sur la piste avec deux verres à la main : vous trouverez toujours une (nouvelle) amie qui a envie de vous prendre le second pour se désaltérer ! Et ne faites pas comme si vous étiez uniquement là pour draguer : chez les Ch'tis, le dancing est l'occasion avant tout de s'amuser.

La phrase qui tue

Ça y est, vous sentez qu' il est temps de dévoiler les sentiments qui vous animent :

Ti un biau tiot tindron, i n'est bleu d'toi.

(T'es un sacré beau brin de fille, je crois que je suis tombé amoureux de toi.)

C'est l'heure du premier baiser. Tentez une approche subtile :

Y a inne grosse plache su tin front pour inne grosse baisse.

(Y a une belle place sur ton front, j'ai bien envie de l'embrasser.)

Si vous êtes mal engagé...

Le petit copain ch'ti d'une beauté locale vous a aperçu en train d'être trop insistant avec sa promise sur la piste de danse ? N'hésitez pas plus d'une seconde : fuyez ! Jouez donc à Benny Hill (un classique comique qui a fait des ravages chez les Ch'tis) et allez retrouver un membre de la famille Van der Velde ! Il expliquera en picard à son camarade ch'ti que vous n'êtes qu'un imbécile de « preuvinciaul » (vu que vous n'habitez pas le Nord-Pas-de-Calais, vous faites logiquement partie de la province) qu' « a rin quimpris a feum », et qui ne sait donc pas les séduire avec intelligence. Vous pouvez souffler longuement : vous êtes passé pas loin d'un véritable drame diplomatique !

Devenez plus ch'ti que ch'ti !

Si ça ne marche pas en picard, tentez le patois estairois. Allez savoir, peut-être votre belle Ch'ti vient-elle d'Estaires : « Jin bleusse d'toué » (Je suis devenu complètement fou de toi). Si elle sourit, c'est bon signe !

Chanter à tue-tête le hit qui passe dans la sono (le top du chic ch'ti, ce qui vous fera reconnaître comme un de la tribu, c'est de chanter, en ch'ti, les chansons sur lesquels vous dansez)

Teum fai d'lop peine, teu m'arsouilles, porle à m'min
To comprint po, eut t'dire oublie mi, heeeeeeeeeein, heeeeeeeeeeeein ?
J'audite po, t'exisse po, porle à m'min
To comprint po, nin j'te dis nin, heeeeeeeeeein, heeeeeeeein?
Mi parint veulent po queuche finque et divorcher
I comprint po qu'pou exisser, j'a bsoin din treul' à mazout

*(Tu fais trop pitié, tu m'soules, vas-y parle à ma main
Si t'as pas compris, ça veut dire oublie-moi, hein, hein ?
J't'écoute pas, t'existes pas, donc vas-y parle à ma main
Si t'as pas compris, ça veut dire non merci, hein, hein ?
Mes parents veulent pas que je fume et ils veulent même pas divorcer
Ils comprennent pas que pour survivre j'ai besoin d'un scooter)*

Faire une request au DJ (très important, demandez un air du cru au disc-jockey et n'hésitez pas à échanger vos points de vue sur les qualités comparées des chanteurs ch'tis)

— T'saurais posser eun canchon d'Didier Super ?
— Heiiiiiiiiiiiin ?
— Eun chtiote canchon, mooooooon, alleeeeez !
— Bin, eud préfère po Pierre Boch'let ?
— Nin, wallors eun canchon Fotol Picords ?
— Okaye !

(— Bonsoir, monsieur le disc-jockey. Pourriez-vous délecter nos trompes d'Eustache d'un doux air de Didier Super ?
— Pardon, que dites-vous, Didier Super ?
— Allez, une petite chanson, s'il vous plaît !
— Ne préféreriez-vous pas plutôt un air du regretté Pierre Bachelet ?
— Non, ou alors du Fatal Picard ?
— J'accepte !)

Commander un cocktail exotique (pas trop exotique tout de même, on est **dins Ch'Nord** ***quand même)***

— Biloute, eun cocktail maison !
— Heiiiiiiiiiiiiiin ?
— Bin, eun cocktail maison !
— Ah, eun Jupiler !
— Bin ouais.

(— Bonsoir, monsieur, pourriez-vous me servir un cocktail maison, s'il vous plaît ?
— Vous désirez la spécialité de la maison, c'est bien ça ?
— Oui, oui !
— Ah, c'est donc une Jupiler que vous souhaitez !
— Ma foi, oui, c'est tout à fait exact.)

2 h du matin : en boîte échangiste

« As'Cupidon j'saurai y artourné
toutes les s'maines.
(J'ai découvert ce charmant établissement
et j'aurai grand plaisir à y retourner
seule ou avec mes miss.) »

Geneviève de Fontenay en déplacement professionnel à Iwuy

Le contexte

On n'ose souvent pas le dire, mais les Ch'tis sont de sacrés sacripants. Une fois leurs enfants couchés, les couples se glissent souvent dans leur voiture familiale pour aller « tâter eul goujon » à deux dans des lieux aussi fripons que... les clubs échangistes. Et, même si on n'en parle pas, c'est quasiment un couple sur trois dans le Nord de la France et en Belgique qui avoue aisément être excité par ce genre de petit scénario...

Résultat, les clubs échangistes sont légion dans la région, même s'il faut parfois franchir la frontière franco-belge de nuit pour aller retrouver les plus coquins de ces établissements... Pourquoi cet engouement ?

Chez les Van der Velde, on attend que les plus jeunes soient partis pour se confier : ça ravive la flamme du couple. Et, bizarrement, alors que les Ch'tis sont connus pour être plutôt jaloux, l'échangisme n'est pas considéré comme de la tromperie (cela n'a d'ailleurs pas lieu d'être)...

Le lieu

Quentin et Véronique Van der Velde ont leurs habitudes dans un petit club situé à Loison-sur-Créquoise, le Cupidon. A quelques minutes de la mer de Berck ou du Touquet, ils peuvent profiter d'un sauna et d'une piste de danse très olé olé.

Là-bas, le patois ch'ti est courant - alors mieux vaut le maîtriser pour ne pas se retrouver dans des situations embarrassantes où vous pourriez ne pas satisfaire votre partenaire pour faute de compréhension de vocabulaire ! En arrivant, vous n'en croyez pas vos yeux : c'est une petite maison avec cheminée, qui n'a rien d'un temple du sexe, à tout le moins du dehors. Mais au vu du sourire et du décolleté de l'hôtesse qui vous accueille, pas de doute, l'amour n'est pas loin.

Votre mission...

Votre mission, si vous l'acceptez, est des plus simples : passer une belle nuit de plaisir échangiste afin de mieux comprendre cette passion qui anime votre couple ami ch'ti. Car, sans essayer, vous ne pourriez pas véritablement comprendre ce qu'ils ressentent, n'est-ce pas ? En plus, c'est une bonne excuse pour réaliser un de vos fantasmes récurrents depuis que vous êtes dans la région : faire l'amour en ch'ti !

Les attitudes-clés

N'ayez jamais l'air choqué ou étonné : en club échangiste, tout se fait dans le respect de l'autre. Alors si ce brave mineur aux mains encore charbonneuses qui est en train de chevaucher vaillamment Véronique Van der Velde la traite de tous les noms d'oiseau, c'est sûrement parce qu'elle aime ça dans le cadre de ce club échangiste. Et si votre ami Quentin s'est dirigé vers un couple de 60 ans un peu bedonnant, le caleçon tombé sur les chaussures, ne vous en faites pas : il vient juste de croiser un collègue de boulot !

La phrase qui tue

« Ches la bibine d'zizi. »
Uniquement pour les fans de fantaisies buccales !

« Ta louloute eum plaît. »
Pour emprunter une femme à son homme, avec les manières.

« J'fvais t'mirer par l'treu d'ine serrure. »
Histoire de s'initier aux joies de l'exhibitionnisme.

Si vous êtes mal engagé...

Un problème soudain de virilité ou d'érection ? N'hésitez plus un instant, allez voir le barman et demandez-lui :

« I'm'faudrot un fortifiant, excitant, épatant, ou bien des pilules de fier, pour m'donner du nierf. »

Il vous trouvera sûrement l'équivalent ch'ti du bois bandé pour vous redonner de l'allant devant toutes ces belles femmes prêtes à s'offrir à vous... Si ça ne marche toujours pas, arguez que vous êtes « fil », c'est-à-dire puceau, et que vous n'avez donc pas l'habitude de faire ce genre de galipettes !

Devenez plus ch'ti que ch'ti !

Dites aux femmes que vous croisez que vous êtes un sacré « caute lapette », c'est-à-dire un gourgandin du plus beau type qui adore tous les plaisirs de la chair...

Ne prenez pas cet air condescendant. Je vous vois bien. Vous pensez : « Oh ! dans un club échangiste, je saurais bien me débrouiller sans connaître la langue. » Détrompez-vous, vous allez voir dans ce qui suit qu'il est important d'avoir une bonne maîtrise de certains termes et de certaines situations.

Se faire faire une fellation

— T'saurai m'faire eun chtite borraine, mo belle.
— Miiiiin, ouaiche mais tin affutiau eul sent l'maroilles.
— Bin, normol, chuis d'Dunkerque ma ducasse !

(— J'aurais plaisir à faire lutiner buccalement mon organe sexuel.
— Oui, avec grand plaisir, mais l'odeur qu'exhale votre virilité rappelle étrangement un fromage du Nord-Pas-de-Calais.
— Rien d'incohérent à cela puisque je suis de Dunkerque, ma belle !)

Redemander un préservatif

— Po d'micrope pour moué, eun condom pour boubourse.
— Ché ti eun grosse ou eun biloute ?
— Heiiiiiiiiiin ? T'mas traité d'biloute ?

(— Auriez-vous l'amabilité de me fournir un autre préservatif, s'il vous plaît, afin de me prémunir contre toute infection sexuellement transmissible.
— De quelle taille, monsieur ?
— Grande, bien sûr.)

Emprunter sa femme à un mari

— Vot' cocotte, l'est bin belle et vertiante. J'l'implinterais bin ch'rate.
— Mooooooon ouais, mais ché eun toutoule, prinds-en soin.
— Okaye, j'vais la démerler !

(— Monsieur, votre amie est bien jolie et a l'air très en forme. J'aurais aimé vous l'emprunter quelques instants.
— Ma foi, pas de problème, c'est une vraie libertine, prenez-en bien soin.
— N'ayez crainte, je saurai la satisfaire !)

Demander si « c'était bien »

— Heeeeeeeeeeeeeeeeeeeeeeein ?
(— Ma chère, avez-vous su apprécier à sa juste valeur la belle prestation que je viens de fournir ?)

Réveiller les ardeurs de monsieur

— Mooooon, ramon-moi l'boïau min cafu ! Casse tout la d'dins ! T'es un bin bon bricoleux min doudoule !

(— Oh oui, vas-y, oui, encore, plus fort ! Je sens que je suis sur le point de prendre un plaisir immodéré ! Vous êtes un amant absolument exceptionnel, mon bel étalon. Mon plaisir est inouï !)

Quand votre partenaire n'arrive pas à aboutir

— T'es eun pisse-troés gouttes in quate assiettes ! Faut v'nir, mon quinquin ! J'vas m'indormir aut'mint...

(— Allez-vous à la fin en finir? Il vous faut vous activer, mon cher, car, dans le cas contraire, je pourrais bien tomber dans un profond sommeil...)

CINQ FILMS DE BILOUTE À TOURNER D'URGENCE :

1. Viens chez mi, j'habite chez une biloute.
2. Un, deux, trois, biloute !
3. Biloute Wars V.
4. Les Fantasmes de Miss Biloute.
5. Pretty Biloute.

LES TRADITIONS CH'TIS CANCHONS & PROVERP'S

(Chansons et proverbes)

« Les canchons ch'ti che comme eun bonne bibine, in aime tant cha qu'ine voudro point que cha ch'arrête.
(Le chant vibrant des hommes du Nord est si puissant, que je souhaiterais que jamais il ne cesse.) »

Jules César, lors de son passage à Calais

Vous êtes maintenant au fait de la plupart des us et coutumes locaux. Prêt à intégrer la société ch'ti. Il vous manque cependant un élément essentiel de la vie des Ch'tis : la chanson. Les atmosphères chaleureuses et conviviales du Nord ne sauraient se passer de longs moments de chant à tue-tête (et tant pis si vous chantez faux, l'important c'est de participer). Apprenez à pousser la chansonnette avec vos nouveaux amis. Mais attention, pas question de commencer « Un dimanche matin... » ou « C'est la bite à Dudule » avec vos camarades de salle de garde. Ici, dans le Ch'Nord, on chante des chansons locales et rien d'autre ! Que ce soit pour Noël, un mariage, un enterrement de vie de garçon ou à l'enterrement d'un mineur suite à un sale coup de grisou, chaque situation dispose d'une chanson qui lui convient...

Les chansons

Petit papa ch'ti

Les traditions familiales et festives sont très présentes chez les Ch'tis. La Nativité est un moment fort où la famille se rassemble pour boire, manger et entonner le fameux Noël chez les Chtis... Chez les Van der Velde on sort même pépé de son grenier pour quelques heures.

Noël in Nord. I parlot bien l'araméen
Noël dans le Nord. Ils parlaient bien l'araméen
Ch'étot l' patois du coin
C'était le patois du coin
Pourquoi pas Jésus in ch'timi,
Pourquoi pas Jésus en ch'timi
Nous ch'est comme cha qu'in l' prie
Nous c'est comme ça qu'on le prie
Et pis qu'in l'cante à Noël
Et quand on le chante à Noël
Dins chelle langue ed' chez nous
C'est dans la langue de chez nous
Ch'est pas vulgaire, y a pas d'blasphème
C'est pas vulgaire, pas de blasphème
Et l'bon Dieu i s'in fout
Le bon Dieu lui s'en fout

Refrain
Noël en Nord, Noël en ch'ti
Noël dans le Nord, Noël en ch'ti

Noël du Nord, Noël d'ichi
Noël du Nord, Noël d'ici
Dins sin berceau, ch' petit quinquin
Dans son berceau, le petit enfant
I est v'nu au monde pour sauver ches terriens
Il est venu au monde pour sauver les terriens
Noël en Nord, Noël en ch'ti
Noël dans le Nord, Noël en ch'ti
Noël du Nord, Noël d'ichi
Noël du Nord, Noël d'ici
Avec un air d'accordéon
Avec un air d'accordéon
Dins ches églisses et dins toutes ches masons
Dans les églises et dans les maisons

Allons viens rinte ichi min frère
Allons entre ici mon frère
T'as trouvé un abri
Tu as trouvé un abri
T'auras moins frod dins ches lumières
Tu auras moins froid dans les lumières
De la messe ed' minuit
De la messe de minuit
Ti qui as pas l'même couleur, min frère
Toi qui n'as pas la même couleur, mon frère
T'as l'même sang in d'sous de t'pieau
Tu as le même sang sous ta peau
In va faire eun' trêve à la guerre
On va faire une trêve dans la guerre
La paix ch'est ch'qui nous faut
La paix c'est ce qu'il nous faut
Le ch'ti papa Noël déchindra d'sin traîneau
Le petit papa Noël descendra dans son traîneau
Pour ches infants bien saches i offrira des cadeaux
Aux enfants bien sages il offrira des cadeaux
In tout cas faut y croire, car dins l'monde d'aujourd'hui
En tout cas il faut y croire, car dans le monde d'aujourd'hui
Cha nous r'donne ed' l'espoir et du sens à la vie
Ça redonne de l'espoir et du sens à la vie

V'là les coulonneux (par Edmond Tanière)

Comme on l'a vu précédemment, l'élevage du pigeon a une place toute particulière chez nos amis les Ch'tis. Pas étonnant qu'un classique de la chanson ch'ti soit dédié aux coulonneux, ces fameux éleveurs de pigeons et à leurs fidèles camarades à plumes...

Les coulonneux quand is parlent de leurs œufs,
les coulonneux is sont toudis joyeux
Les coulonneux quand ils parlent de leurs œufs,
les coulonneux ils sont toujours joyeux
Les coulonneux, les jeunes comme les vieux,
les coulonneux ce sont des gins heureux
Les coulonneux, les jeunes comme les vieux,
les coulonneux sont des gens heureux
Diminch' matin dins min gardin, éd'bonne heure euj'sus là, j'attinds

Dimanche matin dans mon jardin, de bonne heure je suis là, j'attends

J'arviens d'Clermont ou d'Survilliers, j'ai m'n'œuil pointé su'l'pigeonnier
Je reviens de Clermont ou d'Survilliers, j'ai l'œil pointé sur le pigeonnier

J'voudros qu'min pigeon soit à l'heure, j'ai préparé min constateur
Je voudrais que mon pigeon soit à l'heure, j'ai préparé mon constateur

Si j'pouvos faire un bieau tchiot prix, j'in s'rais contint et fier eud'mi
Si je pouvais en avoir un bon prix, je serais content et fier de moi

Les coulonneux, quand is parlent de leurs œufs,
les coulonneux, is sont toudis joyeux
Les coulonneux, quand ils parlent de leurs œufs,
les coulonneux, ils sont toujours joyeux

Les coulonneux, les jeunes comme les vieux,
les coulonneux ce sont des gins heureux
Les coulonneux, les jeunes comme les vieux,
les coulonneux sont des gens heureux

Toute eul'semaine euj'n'arrête point, j'in ai toudis tout plein mes mains
Je n'arrête pas de la semaine, j'en ai toujours plein les mains

Eum'femme eum'fait que dire ainsi,
« j'cros qu't'as plus quer tes pigeons qu'mi »
Ma femme n'arrête pas de me dire,
je crois que tu préfères tes pigeons à moi

Y a min gosse qui jue du clairon, ch'est qu'i peur à mes coulons
Mon gosse joue du clairon et fait peur à mes pigeons

Ch'quien qui n'arrête pas d'aboyer,
j'peux vous dire que je suis pas gâté
Le chien n'arrête pas d'aboyer,
je peux vous dire que je suis pas gâté

Les coulonneux, quand is parlent de leurs œufs,
les coulonneux, is sont toudis joyeux
Les coulonneux, quand ils parlent de leurs œufs,
les coulonneux, ils sont toujours joyeux

Les coulonneux, les jeunes comme les vieux,
les coulonneux, ce sont des gins heureux
Les coulonneux, les jeunes comme les vieux,
les coulonneux sont des gens heureux

Si je compte bin j'in'ai caillé, j'cros qui vont produire euch't'année
Si j'ai bien calculé, je crois qu'ils vont produire cette année

Min tchiot magot au bas d'ma côte, sur'mint qui vont avoir la cotte
Mon petit magot par-devers moi, ils vont sûrement avoir la cote

Quo qu'y a plus bieau qu'mes coulons ?
Quo qu'y a plus malin qu'mes coulons ?
Quoi de plus beau que mes pigeons,
quoi de plus malin que mes pigeons ?

Sur mes épaules is sont tout'l'temps,
car mes pigeons ch'est mes infants
Sur mes épaules ils sont tout le temps,
car mes pigeons c'est mes enfants

Les coulonneux, quand is parlent de leurs œufs,
les coulonneux, is sont toudis joyeux
Les coulonneux, quand ils parlent de leurs œufs,
les coulonneux, ils sont toujours joyeux

Les coulonneux, les jeunes comme les vieux,
les coulonneux, ce sont des gins heureux
Les coulonneux, les jeunes comme les vieux,
les coulonneux sont des gens heureux

Quand i'y'a eune expostion, euj'choisis min plus bieau pigeon
Les jours d'exposition, je choisis mon plus beau pigeon

Diminch' matin'n'a qui rouspète,
in ravisant les étiquettes
Les dimanches matin certains rouspètent
en regardant les étiquettes

L'journaliste qui prind des photos,
et timps un temps i bot un cop
Le journaliste prend des photos
et de temps en temps boit un coup

Ch'est formidape d'ête coulonneux,
ch'te refrain-là j'l'ai fait pour eux
C'est formidable d'être coulonneux,
ce refrain-là est fait pour eux

Les coulonneux, quand is parlent de leurs œufs,
les coulonneux, is sont toudis joyeux
Les coulonneux, quand ils parlent de leurs œufs,
les coulonneux, ils sont toujours joyeux

Les coulonneux, les jeunes comme les vieux,
les coulonneux, ce sont des gins heureux

Les coulonneux, quand is parlent de leurs œufs,
les coulonneux, is sont toudis joyeux
Les coulonneux, quand ils parlent de leurs œufs,
les coulonneux, ils sont toujours joyeux

Les coulonneux, les jeunes comme les vieux,
les coulonneux, ce sont des gins heureux
Les coulonneux, les jeunes comme les vieux,
les coulonneux sont des gens heureux

Dors mon p'tit quinquin

Les enfants ch'tis sont élevés dans une tendresse particulière. Une chaleur que restitue LA berceuse la plus connue de France, LE classique de la chanson ch'ti. Une version plus ancienne de cette berceuse fait référence aux 15 cl de genièvre versés dans le biberon.

Et c'est l'odieuse manie du politiquement correct qui aurait gommé cet aspect de la chanson, pourtant si folklorique.

Dors, min, min ptit quinquin,
Dors, mon petit enfant
Min ptit pouchin
Mon petit poussin
Min gros rogin
Mon gros bébé
Te m'fras du chagrin
Tu me feras du chagrin
Si te n'dors poin chqu'à dmain
Si tu ne dors pas jusqu'à demain

Ainsi l'aute jour unne pauve dintelière
Ainsi l'autre jour une pauvre dentelière
In amiclotant sin ptit garchon
En langeant son petit garçon
Qu'i dpui tros carts d'eure ene faijot qu'brère
Qui depuis trois quarts d'heure ne faisait que pleurer
Tachot d'l'indormir par unne canchon
Tâchait de l'endormir par une chanson
Ele li dijot min Narcisse
Elle lui disait mon Narcisse
Dmain t'aras du pain d'épice
Demain tu auras du pain d'épice
Du chuke à gogo
Du suc à gogo
Si t'es sache et qu'te fais dodo
Si t'es sage et que tu fais dodo
Dors min ptit quinquin ...
Dors mon petit enfant...

Et si te m'laiches faire unne bonne semainne
Et si tu me laisses faire une bonne semaine
J'irai dégager tin biau sarau
Je sortirai ta belle chemise
Tin pantalon d'drap, tin gilliet d'lainne
Ton pantalon de drap, ton gilet de laine
Comme un ptit milord te sras faraud
Tu seras beau comme un petit milord
J'tacatrai l'jour del ducasse
Je t'achèterai ce jour de fête
Un porichinel cocasse
Une marionnette cocasse
Un turlututu
Un turlututu

Pour juer l'air du capiau pointu.
Pour jouer l'air du chapeau pointu

Dors min ptit quinquin...
Nous irons din l'cour Jannète-as-Vakes
Nous irons dans la cour Jeannette-à-Vaches

Vir les marionnètes
Voir les marionnettes

Comme te riras
Comme tu riras

Quant t'intindras dire
Quand t'entendras dire

Une doupe pou Jake !
Un sou pour Jacques

Pa l'polichinel qu'i parle
Un polichinelle ça ne parle pas

Te li mettra dins menotte
Tu lui mettras dans la main

Au lieu d'doupe un rond d'carote
Au lieu d'un sou un rond de carotte

I t'dira merci
Il te dira merci

Pinse conme nous arons du plaisi
Mince comme nous aurons du plaisir

Et si par asard sin maite i s'fache
Et si par hasard son maître se fâche

Ch'est alor, Narcisse, que nous rirons
C'est alors, Narcisse, que nous rirons

San nn'avoir invie, j'prindrai mn'air mache
Sans en avoir envie je prendrai mon air fâché

J'li dirai sin nom et ses sournoms
Je le traiterai de tous les noms

J'li dirai des fariboles
Je lui dirai des bêtises

I m'in répondra des droles
Il m'en répondra de drôles

Infin un chacun
Et tout un chacun

Vera deus pestakes au lieu d'un
Verra deux spectacles au lieu d'un

Alor, sère tes ieus, dors min bononme
Allons ferme tes yeux, dors mon bonhomme

J'vas dire une prière à ptit Jésus
Je vais dire une prière au petit Jésus

Pour qu'i vyinne ichi, pindan tin sonme
Pour qu'il vienne te voir pendant ton sommeil
T'faire réver qu'jai les mains plainnes d'écus
Te faire rêver que j'ai les mains pleines d'écus
Pour qu'i t'aporte une cokile
Pour qu'il t'apporte une brioche
Avec du chiro qu'i guile
Avec du sirop qui coule
Tout l'long d'tin minton
Tout le long de ton menton
Te t'poulèkras tros eures de long
Tu te pourlécheras trois heures de long
Refrain

Eun' goutt' ed' jus

La cafetière est toujours allumée dans une vraie maison ch'ti, et le visiteur, quel qu'il soit (à part l'huissier peut-être, et encore...) se voit systématiquement offrir eun' goutt' ed' jus.

Tous les jours les femm' dins les corons
Tous les jours les femmes dans les corons
Chacun' leu tour s'invit' à leu maisons
Chacune leur tour s'invitent dans leurs maisons
A pein' qué s'n'homm' i a tourné l'coin de l'rue
A peine son mari a-t-il tourné le coin de la rue
Qu'à mon Simon' in bot eun' goutt' ed' jus
Que chez Simone elle boit une goutte de café
Depuis hier in n'a à raconter
Depuis hier elle a des choses à raconter
Et cha va mieux in buvant sin café
Et ça va mieux en buvant un café
Philomèn' quoss' qu'all' prind dins sin nez
Et Philomène qu'est-ce qu'elle prend dans les dents
L'seul' femm' de l'rue qui va au cabaret
La seule femme de la rue qui va au café
Viens donc boir' eun'goutt' ed'jus
Viens donc boire une goutte de café
Eun'goutt' ed'jus
Une goutte de café
Eun'goutt' ed'jus

Une goutte de café

Profit' qu'i est cor'sus ch'fu
Profite tant qu'il est encore sur le feu

Viens boir' eun'goutt' ed'jus
Viens donc boire une goutte de café

Que d'excus' pour fair' eun' tchot' parlott'
Que d'excuses pour faire un brin de causette

J'n'ai pus d'thym, i m'manqu' eun' échalot'
Je n'ai plus de thym, il me manque une échalote

Heureus' mint qu' dins chaqu' maison de l'rue
Heureusement que dans chaque maison de la rue

Eul' caf'tièr' all' est toudis sus ch'fu
La cafetière est toujours sur le feu

Cha réconforte d'avoir eun' bonn' voisine
Ça réconforte d'avoir une bonne voisine

Qu'cha soit Jeannette, Suzann' au bin Pauline
Que ça soit Suzanne, Jeannette ou bien Pauline

I dov'ent avoir fait un stag' au Brésil
Elles doivent avoir fait un stage au Brésil

Car leur café ch'est pas de l'camomill'
Car leur café c'est pas de la camomille

Viens donc boir' eun'goutt' ed'jus
Viens donc boire une goutte de café

Eun'goutt' ed'jus
Une goutte de café

Eun'goutt' ed'jus
Une goutte de café

Profit' qu'i est cor'sus ch'fu
Profite tant qu'il est encore sur le feu

Viens boir' eun'goutt' ed'jus
Viens donc boire une goutte de café

De l'chirlout' ichi in n'in bot pas
De la lavasse ici on n'en boit pas

Té rues l'cul quand qu'té bos ch'café-là
Tu es énervé quand tu bois ce café-là

El' café comm' dit Marie Toutoul'
Et le café comme dit Marie Toutoul'

Ch'est meilleux avec eun' tchot' bistoul'
C'est toujours mieux avec une goutte de gnôle

L'café par chi i ntsé bot qu'à l'chuchett'

Le café par ici ne se boit qu'à la sucette
Ch'est telltmint bon, ch' n'est point du jus d'cauchett'
C'est tellement bon, c'est pas du jus de chaussette
Allez Mélie, arversez-me eun' tass'
Allez Mélie, reversez-moi une tasse
Intiqu' intass', eun' t'occup' pas dé ch'ti qui pass'
Une petite tasse sans t'inquiéter du temps qui passe

Viens donc boir' eun'goutt' ed'jus
Viens donc boire une goutte de café
Eun'goutt' ed'jus
Une goutte de café
Eun'goutt' ed'jus
Une goutte de café
Profit' qu'i est cor'sus ch'fu
Profite tant qu'il est encore sur le feu
Viens boir' eun'goutt' ed'jus
Viens donc boire une goutte de café

Deu ch'terril d'rimbert

LA chanson des mineurs.

T'étos là comme einne montagne bien à plache
Tu étais là comme une montagne bien en place
Té faisos partie ed'nou paysache
Tu faisais partie de notre paysage
Qui d'nou pères i aurot pinsé que ch'terril
Qui parmi nos pères aurait pensé que le terril
Par un bieau jour i strot évanoui
Par un beau jour aurait disparu

Bin mes pauves gins i faudra bien s'y faire
Bien mes pauvres amis il faudra bien s'y faire
Y a disparu min viux terril d'Rimbert
Il a disparu le vieux terril de Rimbert

Quand j'étos gosse ej' grimpos sur tin dos
Quand j'étais gosse et que je grimpais sur ton dos
Si y avot pas d'garte vite in s'faufilot
S'il n'y avait pas de garde vite on se faufilait
Parmi chés rals chés aiguillaches chés bos
Parmi les rails les aiguillages les bois
Et tout l'fourbi qui traînot sus ch'carreau
Et tout le fourbi qui traînait par terre

Et in grimpot tout in haut dins l'poussière
Et on grimpait tout en haut dans la poussière
Y a disparu min viux terril d'Rimbert
Il a disparu mon vieux terril de Rimbert

T'étos un témoin d'l'ouvrache ed' nou pères
Tu étais le témoin du travail de nos pères
Qui ont ouvré tout leu vie ed'sous l'terre
Qui ont travaillé toute leur vie sous terre
Pour t'construire y a fallu plus d'cent vingt ans
Pour te construire il a fallu plus de cent vingt ans
Et ravise in n'parle plus d'ti in rien d'temps
Et regarde on ne parle plus de toi en un rien de temps

T'es parti rogné par chés bulldozers
Tu es parti magé par les bulldozers
J 'te dis adieu min viux terril d'Rimbert
Je te dis adieu mon vieux terril de Rimbert

J'restos juste in face quand j'n'étos qu'un jonne
Je restais en face quand j'étais jeune
L'ravisos monter déchint' el'crinquonne
Je regardais monter et descendre l'ascenseur
Chés berlines s'croisottent toudis à l'même plache
Les berlines se croisaient toujours à la même place
Et tout l'journée faire leu remue-ménache
Et toute la journée faisaient du remue-ménage
Pour aller baller in haut l'mécante terre
Pour aller vider en haut la méchante terre
Et dire qu'i est parti min terril d'Rimbert
Et dire qu'il est parti mon terril de Rimbert

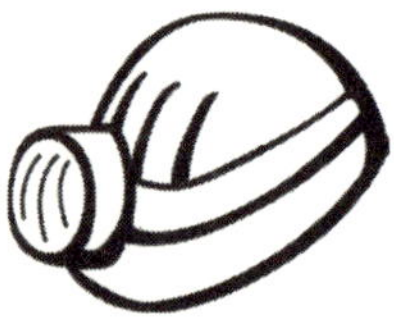

J'souris quand même parce que j'pinse à quitte cosse
Je souris quand même parce que je pense à quelque chose
Tous chés gins qui s'sont fait mourir à l'fosse
Tous ces gens qui se sont tués à la fosse
In' s' doutottent pas in armontant ch' carbon
Ils ne se doutaient pas en remontant le charbon
Que l'terre servirot à leu tits garchons
Que la terre servirait à leurs petits garçons
I n'in frottent einne tête nou arrière-grands-pères
Ils en feraient une tête nos arrière-grands-pères
Ed'vir qu'i n'existe pus ch'terril d'Rimbert
De voir qu'il n'existe plus le terril de Rimbert

Chés éfants et pitits-éfants d'mineurs
Les enfants et les petits-enfants de mineurs
I veul'nt du schiste dins n'allées d'leu demeure
Ils veulent du schiste dans les allées de leurs demeures
Quand i partent in vacances sur l'autoroute
Quand ils partent en vacances sur l'autoroute
Je n'cros pas qui n'a bien gramint qui s'doutent
Je ne crois pas qu'il y en a beaucoup qui se doutent
Que l'montagne aile est sous chés reulles à terre
Que la montagne est sous les roues à terre
Ch'est là qu't'es parti min terril d'Rimbert
C'est là que tu es parti mon terril de Rimbert

Le tango du cachalot

Cette chanson est tout particulièrement chérie par les pêcheurs de Calais qui, après avoir inventé la valse des morues et le cha-cha-cha du chinchard, se sont mis en tête d'apprendre le tango au cachalot. Certains disent que le cachalot serait une allégorie qualifiant en réalité la belle-mère du compositeur. Mais rien ne permet d'étayer sûrement cette hypothèse.

D'pus qu'all a su par la radio
Depuis qu'elle a su par la radio
Qu'el patois du Nord y vénot
Que le patois du Nord il venait
Ed' l'occupation espagnole
De l'occupation espagnole
M'tant' qui étot si comm' i faut
Ma tante qui était si comme il faut
Cha li a monté au cerveau
Ça lui a monté au cerveau
A f'sot mourir l'oncle Anatole
Elle faisait mourir l'oncle Anatole
In l'ravisant all' li trouvot
En le regardant elle lui trouvait
Des airs d'Rudolph Valentino
Des airs de Rudolph Valentino
All en dev'not complèt'ment folle
Elle en devenait complètement folle
Et ch'est au biau milieu d'eun' nuit
Et c'est au beau milieu d'une nuit
Qu'in l'réveillant all lui a dit
Qu'en le réveillant elle lui a dit
Non mais dis donc, ti té rigoles
Non mais dis donc toi tu rigoles
Puisque t'as du sang d'hidalgo
Puisque tu as du sang d'hidalgo
Té dos savoir danser l'tango
Tu dois savoir danser le tango
Apprinds-me cha vite au boulot
Apprends-moi ça vite au boulot

Allons Philomén'
Allons Philomène
T'es d'jà hors d'haleine
T'es déjà hors d'haleine
T'es comme eun' baleine
T'es comme une baleine
Arrêt' ech' phono
Arrête le phono
Mets-te cha dins t'tiête
Mets-toi ça dans la tête
L'tango des fauvettes
Le tango des fauvettes
Cha fait trop bébête
Ça fait trop bébête
Avec tes cent vingt kilos
Avec tes cent vingt kilos
Ah ch'est comme cha
Ah c'est comme ça
Qu'all i a dit
Qu'elle lui a dit
Fais-me-s'in un qui s'ra pus biau
Fais-m'en un qui sera plus beau
Cha s'ra l'tango du cachalot
Ça sera le tango du cachalot

Cha peut bien sûr paraître idiot
Ça peut bien sûr paraître idiot
Mais le lend'main m'n'oncle y parlot
Mais le lendemain mon oncle il parlait
L'français comm' eun' vaque espagnole
Le français comme une vache espagnole
Au fond de l'fosse il expliquot
Au fond de la fosse il expliquait
Aux ouvriers, aux golibots
Aux ouvriers, aux galibots
Joignant le geste à la parole
Joignant le geste à la parole
Qué pour bien danser lé tango
Que pour bien danser le tango
Comme on le fait à Bilbao
Comme on le fait à Bilbao
Faut d'la moless' dins les épaules
Faut de la mollesse dans les épaules
Qué pour lé faire comm' y faut

Que pour le faire comme il faut

Faut d'la cambrure dans le dos
Faut de la cambrure dans le dos

Dé la soupless' dins les guiboles
De la souplesse dans les jambes

Tout in gardant bien le tempo
Tout en gardant bien le tempo

On sé tien comm' le torero
On se tient comme le torero

Qui va combattre le taureau
Qui va combattre le taureau

Et joue contre joue
Et joue contre joue

Comm' les Andalous
Comme les Andalous

Autour des barrous
Autour des berlines

Cha y allot l'tango
Ça y allait le tango

Oui mais les molettes
Oui mais les molettes

Les v'là qui s'arrêtent
Les voilà qu'elles s'arrêtent

Y avot pus d'gaillettes
Il n'y avait plus de charbon

Dins tout l'fosse in dansot
Dans toute la fosse on dansait

In s'y attindot
On s'y attendait

Che fut la guerre
Ce fut la guerre

Dins les bureaux z'avott' pas quère
Dans les bureaux ils n'aimaient pas

L'air du tango du cachalot
L'air du tango du cachalot

Cha fait du foin sur le carreau
Ça a fait du foin sur le carreau

Et les amindes cha quéyot
Et les amendes ça tombait

Z'ont rinvoyé l'onc' Anatole
Ils ont renvoyé l'oncle Anatole

Dins les cités cha murmurot

Dans les cités ça murmurait

Qu'in arprindot pas le boulot
Qu'on ne reprendrait pas le boulot

Si on rindot pas leu idole
Si on ne rendait pas leur idole

Dins les arrièr' sall' ed' bistrot
Dans les arrière-salles de bistrot

El syndicat s'réunichot
Le syndicat se réunissait

Contre les libertés qu'in viole
Contre les libertés qu'on viole

Veyant l'tournur' que cha a pris
Voyant la tournure que ça a pris

Tout d'in cop m'n'onc' i leu z'a dit
Tout d'un coup mon oncle il leur a dit

Laissez tomber j'monte eun' école
Laissez tomber je monte une école

I vont tertous l'avoir dins l'dos
Il vont tous l'avoir dans le dos

Pour mi avoir el' dernier mot
Pour moi avoir le dernier mot

J'vas donner des cours ed' tango
Je vais donner des cours de tango

Pour vir' Philomène
Pour voir Philomène

Les sall' y'étott' pleines
Les salles étaient pleines

Payant à l'quizaine
Payant leur quinzaine

I v'not l'populo
Il venait le peuple

Les vieux vous diront
Les vieux vous diront

Qu'dins tous les corons
Que dans tous les corons

Les bandonéons
Les bandonéons

F'sott' danser l'tango
Faisaient danser le tango

In raconte cor
On raconte encore

Dins les veillées
Dans les veillées

Ch't»un gars du Nord
Que c'est un gars du Nord
Qui a inventé
Qui a inventé
L'fameux tango du cachalot
Le fameux tango du cachalot

M'lampiste

Comme montré précédemment, l'amour chez les Ch'tis, ça compte, et ça compte même beaucoup. Découvrez LA chanson d'amour pour se charmer entre Ch'tis. On ne proposera à une demoiselle un tour en boîte échangiste qu'APRES avoir entonné ce doux refrain.

M'lampiste
Ma lampiste
Em' tiot' lampiste
Ma petite lampiste
M'lamp'all'va bien mais mi j'sus triste
Ma lampe va bien mais moi je suis triste
M'lampiste
Ma lampiste
Em' tiot' lampiste
Ma petite lampiste
Car dins tes mains, m'lampt all'va bien
Car dans tes mains ma lampe va bien

A ch't'heure dins tous chés fosses
Maintenant dans toutes les fosses
Pour y trier ch'carbon
Pour y trier le charbon
In y vot pus qu'des gosses
On y voit plus que des gosses
Des fill's et des garchons
Des filles et des garçons
A l'lampist'rie point d'bile
A la lampisterie pas de souci
In est tout émotionné
On est tout ému

ÉTEINS LA LAMPE MAINTENANT !
!

Quand in d'mand' à chés filles
Quand on demande à ces filles
Es' lamp' pour dévaller
La lampe pour descendre
In les raviss' ed' coin
On les regarde du coin de l'œil
In serr' ses poings dins sin béguin
On serre ses poings dans son béguin

M'lampiste
Ma lampiste
Em' tiot' lampiste
Ma petite lampiste
M'lamp'all'va bien mais mi j'sus triste
Ma lampe va bien mais moi je suis triste
M'lampiste
Ma lampiste
Em' tiot' lampiste
Ma petite lampiste
Car dins tes mains, m'lampt all'va bien
Car dans tes mains ma lampe va bien

Quand t'armets d'z'allumettes
Quand tu remets des allumettes
Dins m'lamp' quand y n'a pus
Dans ma lampe quand il n'y en a plus
Ch'est que j'deviens tout bête
Là je deviens tout bête
Telltmint qu'j'in sus confus
Tellement je me sens confus
Tin mouchoir bleu sus t'tiète
Ton mouchoir bleu sur la tête
Avec ses tiots pos blancs
Avec ses petits pois blancs
Cha fait tourner m'barett'
Ça fait tourner ma barrette
Qué j'n'ai pus d'goût d'déchint' au fond
Je n'ai plus goût de descendre au fond
Ej'vos tes yux mignons
Et je vois tes yeux mignons
Tin court jupon dins min carbon
Ton jupon court dans mon charbon

M'lampiste
Ma lampiste
Em' tiot' lampiste
Ma petite lampiste
M'lamp'all'va bien mais mi j'sus triste
Ma lampe va bien mais moi je suis triste
M'lampiste
Ma lampiste
Em' tiot' lampiste
Ma petite lampiste
Car dins tes mains, m'lampt all'va bien
Car dans tes mains ma lampe va bien

T'as d'z'yux comm' eun' anguille
T'as des yeux comme une anguille
Quand t'armont' à midi
Quand tu remontes à midi
Eut' figur' tout plein d'huile
Et ta figure est toute pleine d'huile
P't'ête bin aut' coss' aussi
Peut-être bien d'autre chose aussi
Mi noir comm' eun' gaillette
Moi noir comme un morceau de charbon
Et plein d'graiss' ed'barrou
Et plein de graisse de berline
L'té prêt'ros bin rn'liquett'
Je te prêterais bien ma liquette
Pour t'imbrasser jusqu'à tin eou
Pour t'embrasser jusque dans le cou
Pusque t'as du déehet
Puisque t'es déjà sale
Té peux essuyer mes baisers
Tu peux essuyer mes baisers

M'lampiste
Ma lampiste
Em' tiot' lampiste
Ma petite lampiste
M'lamp'all'va bien mais mi j'sus triste
Ma lampe va bien mais moi je suis triste
M'lampiste
Ma lampiste
Em' tiot' lampiste
Ma petite lampiste

Car dins tes mains, m'lampt all'va bien
Car dans tes mains ma lampe va bien

Quand t'archeux à l'quinzaine
Quand tu vas recevoir ton salaire
J'tâch' d'êt' à tes côtés
Je tâche d'être à tes côtés
Près d'tin jupon d'Indienne
Près de ton jupon d'Indienne
Jé m'sins tout artourné
Je me sens tout retourné
Té sins un peu l'binzole
Tu sens un peu le benzol
Té sins un peu
Tu sens un peu
Mais jé m'pouss' contre ti
Mais je me serre contre toi
I'm'in fous si in rigol'
Je m'en fous si on rigole
Mi j'té ming'ros comm' un biscuit
Moi je te mangerais comme un gros biscuit
Car mi j'sus un mineur
Car je suis un mineur
Qui donn' sin cœur
Qui donne son cœur
Pour un bonheur
Pour un bonheur

M'lampiste
Ma lampiste
Em' tiot' lampiste
Ma petite lampiste
M'lamp'all'va bien mais mi j'sus triste
Ma lampe va bien mais moi je suis triste
M'lampiste
Ma lampiste
Em' tiot' lampiste
Ma petite lampiste
Car dins tes mains, m'lampt all'va bien
Car dans tes mains ma lampe va bien

El' diminch' dins ch'villache
Et le dimanche au village

Avec tous mes copains
Avec tous mes copains
L't'aperchos tout in nache
Je t'aperçois tout en nage
Just' à l'port' d'un crincrin
Devant la porte d'une salle de bal
Hoé! viens fair' eun' danse
Ohé ! viens danser
Avec un galibot
Avec un jeune mineur
J'té dis em'tchot' Hortens'
Je te dis ma petite Hortense
A mon machut y a un piano
Dans ma maison, il y a un piano
Et là nous y dans'rons
Et là nous danserons
Au joyeux son d'l'accordéon
Au joyeux son de l'accordéon

M'lampiste
Ma lampiste
Em' tiot' lampiste
Ma petite lampiste
M'lamp'all'va bien mais mi j'sus triste
Ma lampe va bien mais moi je suis triste
M'lampiste
Ma lampiste
Em' tiot' lampiste
Ma petite lampiste
Car dins tes mains, m'lampt all'va bien
Car dans tes mains ma lampe va bien

Dictons et proverbes

« Un bon proverp' ch'ti cha chers autint keune carette.
(Jamais la machine ne saura remplacer le savoir-faire de l'humain, surtout s'il est ch'ti.) »

Fernando Alonso après sa victoire au Grand Prix de Houtkerque

Le ch'ti, ça n'est pas qu'une langue et des traditions. C'est également une belle sagesse populaire que relaient les nombreux dictons qui parsèment la langue des habitants du Nord-Pas-de-Calais. Vous trouverez ici une floraison de dictons et de proverbes absolument indispensables si vous souhaitez un jour vous faire admettre dans le cœur des Ch'tis.

C'est vrai, pépé et mémé Van der Velde vous le diront : le bon sens populaire est souvent à aller chercher dans les dictons et les proverbes des glorieux ancêtres.

La tradition picarde est remplie de ces phrases toutes faites qui font la délectation des plus jeunes par leurs côtés truculents et leur bon sens tout à fait ch'ti.

Plutôt que d'en apprendre bêtement l'encyclopédie complète, attardez-vous sur cette poignée de proverbes goûteux et apprenez à les ressortir au bon moment et dans la bonne situation...

RIEN N'FOÈT RIEN, PEU D'CHOSE I FOÈT DU BIEN.

En français, cela donne :

Rien ça fait rien, peu de chose ça fait du bien.

Signification du proverbe ch'ti :

Une petite aide, un petit encouragement, un sourire de rien du tout peut nous réchauffer le cœur pour un bon moment.

SI L'BON DIEU NOUS A MIS DES QU'MINÉES, CH'EST POUR FUNQUER.

En français, cela donne :

Si le bon Dieu nous a mis des cheminées, c'est pour fumer.

Signification du proverbe ch'ti :

Pas besoin de s'excuser si on vient de péter, c'est la nature qui a voulu ça, il faut bien se servir de tous ses orifices !

***

CH'EST CLAIR COMME DU JUS D'CHIQUE

En français, cela donne :

Il n'y a pas l'ombre d'un doute.

Signification du proverbe ch'ti :

Pas besoin d'en dire plus, on s'est compris.

UN COUTIAU D'VAURIN CHA COPE TOUDIS BIN

En français, cela donne :
Un couteau de vaurien coupe toujours bien.

Signification du proverbe ch'ti :
Les mauvaises personnes gagnent toujours à la fin.

***

I VAUT MIU BOIR' À DEUX QUÉ D'S'IN PASSER TOUT SEU.

En français, cela donne :
Mieux vaut boire à deux que de s'en passer seul.

Signification du proverbe ch'ti :
Plus on est de fous, plus on rit.

I VAUT MIU PÉTER IN SOCIÉTÉ QUÉ D'MOURIR TOUT SEU.

En français, cela donne :

Il vaut mieux péter en société que de mourir tout seul.

Signification du proverbe ch'ti :

Rien de pire que la solitude.

***

L' BON DIEU INVOE DES NOSETTES À CHEUX QUI N'SÉTENT POINT LES CROQUER.

En français, cela donne :

Le bon Dieu envoie des noisettes à ceux qui ne savent pas les croquer.

Signification du proverbe ch'ti :

Ce n'est pas toujours les plus démunis à qui on fait partager nos richesses.

***

DES BIELLES FILLES ET DES VIELLÉS LOQUES, I TREUVENT TOUDIS QUÉQU'UN POUR LES AHOQUER.

En français, cela donne :

Des belles filles et des vieux habits trouvent toujours quelqu'un pour les accrocher.

Signification du proverbe ch'ti :

Une bonne marchandise trouvera toujours preneur, quelles que soient les conditions.

L'AMOUR, CH'EST DES GRINDS MOTS AVINT, CH'EST DES TCHIOTS MOTS PINDINT ET PIS DES GROS MOTS APRÈS.

En français, cela donne :

L'amour, c'est des grands mots avant, c'est des petits mots pendant et des gros mots après.

Signification du proverbe ch'ti :

Il faut savoir varier le niveau du langage avant, pendant, et après l'amour.

COMPTE LÀ-D'SUS, PIS BO D'DIAU.

En français, cela donne :

Compte là-dessus et bois de l'eau.

Signification du proverbe ch'ti :

Inutile de s'accrocher à des promesses, mieux vaut les oublier au plus vite.

***

ON DIT BIEN EUNN' BASS' MESS' DINS ENN' GRANNE ÉGLISE.

En français, cela donne :

On dit bien une basse messe dans une grande église.

Signification du proverbe ch'ti :

Qui peut le plus peut le moins.

***

EL FILS DE CH'TI QUI N'A JAMAIS OUVRÉ, I N'ARA PAS GRAMMINT D'MA À FAIRE MIUX QU'SIN PÈRE.

En français, cela donne :

Le fils de celui qui n'a jamais travaillé, il n'aura pas beaucoup de mal à faire mieux que son père.

Signification du proverbe ch'ti :

Mieux vaut parfois ne pas prendre exemple sur la famille.

A FORCHE ED'TAQUINER EL'GOUJON, IN S'FAIT MORDE !

En français, cela donne :

A force de taquiner le goujon, il s'est fait mordre.

Signification du proverbe ch'ti :

A force de draguer les femmes, il s'est fait avoir et mettre la main dessus.

***

IN DIT TOUDIS QUE L'AV'NIR APPARTIENT À CHEUX QUI S'ÉLIEF'NT TIMPE AU MATIN, MAIS L'PROVERBE I DIT AUSSI, QU'CH'N'EST PAS TOUT D'LÈVER TIMPE AU MATIN, MAIS I FAUT COR ARRIVER À L'HEURE !

En français, cela donne :

On dit toujours que l'avenir appartient à ceux qui se lèvent tôt le matin, mais le proverbe dit aussi que ce n'est pas tout de se lever de bonne heure au matin, il faut encore arriver à l'heure !

Signification du proverbe ch'ti :

Rien ne sert de courir, il faut partir à point.

***

CH'TI TIENT CH'L'ANGUILLE PA' L'QUEUE N'L'A PON.

En français, cela donne :

Celui qui tient l'anguille par la queue ne l'a pas.

Signification du proverbe ch'ti :

Ne pas vendre la peau de l'ours avant de l'avoir tué.

CH'EST TOUDIS SU CH' BON G'VA QU'IN TAPE !

En français, cela donne :

C'est toujours sur le bon cheval qu'on tape. C'est toujours le cheval le plus robuste qu'on utilise pour les travaux les plus durs.

Signification du proverbe ch'ti :

C'est toujours sur les mêmes que ça retombe.

***

EUNE BELLE PEUME AL TOMBE TOUJOURS DIN L'GUEULE D'UN POURCHEAU !

En français, cela donne :

Une belle pomme tombe toujours dans la gueule d'un cochon.

Signification du proverbe ch'ti :

La chance sourit aux crapules.

QUÉ MALHEUR D'AVOIR EUNE VAK ET PON D'BURRE.

En français, cela donne :

Quel malheur d'avoir une vache et pas de beurre.

Signification du proverbe ch'ti :

Quand rien ne va et qu'on n'a plus que l'espoir pour vivre.

***

QUAND ON COUCHE AVÉC EL BOULANGÉR, ON S'ARTROUVE AVÉC DÉS P'TITS PAINS !

En français, cela donne :

Quand on couche avec le boulanger, on se retrouve avec des petits pains !

Signification du proverbe ch'ti :

A force de coucher à gauche et à droite, on se retrouve enceinte.

***

IL EST BIEN TEMPS D'ALLER À MOUILLES QUAND ÈM MÈR AM'MONTE.

En français, cela donne :

Il est bien temps d'aller à la mer quand elle monte.

Signification du proverbe ch'ti :

Il n'y a plus rien à faire : il fallait prévoir les malheurs plutôt que de s'y atteler au dernier moment.

***

ECH' BAC I S'A ARTOURNÉ SUR CH'POURCHIAU.

En français, cela donne :

L'auge s'est retournée sur le cochon.

Signification du proverbe ch'ti :

Ses propos fielleux se sont retournés contre lui.

CHÉS JONNES CORNAILLES IS APATELL'TTÉ MIE CHÉS VIELLES !

En français, cela donne :

Les jeunes corneilles ne donnent pas la becquée aux vieilles !

Signification du proverbe ch'ti :

Ne pas compter sur ses enfants pour vous nourrir quand vous serez vieux et pauvre...

Fables et comptines

« L'fab pou les p'tits quinquins,
l'bibine pou les parints.
(Les contes et les fables sont
le ferment indispensable pour faire
des enfants des adultes responsables.) »

Jean-Paul Sartre au court d'une conférence sur les traditions orales et populaires à l'Université internationale de Bouchain

Les fables, les comptines, les contes pour enfants font partie de la culture ch'ti traditionnelle.

Pleins de bons sens populaire, ils forgent l'identité d'un peuple et donnent aux plus jeunes les valeurs nécessaires et indispensables à une vie placée sous le sceau du respect, du travail et de la famille.

En plus de reprendre les fables classiques de la littérature médiévale française (comme celles de La Fontaine), les Ch'tis en inventent également.

L'cat et l'souris

Ch' viux cat et l' jonne souris. Eun' toute jonne souris dins les pattes d'un cat. Un viux cat qui savot sin métier dd' défournaquer chez souris et chez rats. All' essayot d'l'apitoyer :

« Laichez-me vife, j' sus si jonne !
J' sus trop maîque pour ête bonne,
Pour vous faire un plat à minger...
Laichez-me m'in aller
M'nourrir un tiot peu dins ch' monde,
J'vous r'viendrai bien pus ronde !
O z'avez qu'à rapasser,
Mi j' m'in vas m'ingraisser.
J'demeure dins ch' tiot tro par ichi,
J'vous donne em' parole ed' souris ! »
Ch'viux cat i a fait l'sourd' orelle,
I est bin trop malin pour in croire eun' parelle !
« Ch'est bon, ch'est bon, qu'i dit,
J'ai pus querre mingere min rôti
Tandis que je l'tiens tout cuit ! »

L' miux, ch'est de jamais s'mette
Dins les griffes d'un matou comme chà.
Ch'est à mon d'ches gins comm' à mon d'ches bêtes !
Arténez bin l'histoire de ch'cat.

***

LE CORBEAU ET LE RENARD

Ch'corbiau et chl'arenard

Un biau corbiau tout noir, incrinqué su chin ape,
T'nau ben serré din s'bouc un fromache eud' maroilles.
Un jonne finnaud d'arenard, l'estomac in écharpe,
Par l'sentiment guidé, nifla vers ché zétoiles.
« Ah! Te v'là biète à z'ailes, ben ché ti qué j'cachau.
A coté d'ti, arnéqué tout in noir,
Ché coulons du concours y z'ont l'air ed' pequenauds.
Din l'roucoulate aussi, éj'su même prêt à croire,
qu'eune canchon comme eul tienne, elle laiss'rau ben penauds
Rossignols et magnons qui cantent là tous les soirs. »

A ché mots, ch'corbiau y n'sarsent pu picher,
Y comminche à canter in ouvrant tout grand s'biec,
Du coup, y a sin puant qui comminche à glicher
Et pis qui queu par tierre à côté du fennec.
L'agrippeux animal d'mindau que d'l'ingloutir.
« Chi té n'veux nin, fifi, t'intiquer din l'berdoulle
– dit intre deux bouquées ch'ti qui n'faijau qué d'rire –
N'acoute don point ch'tilal qui t'raconte des cacoules. »

Y a tout d'même eune morale à propos d'not arenard...
A force eud s'in venter, cha a fait l'tour delle tierre,
Et y a pu d'aut' moniaux que l'arenard a pu s'faire.
Ben si à st'heure dz' arenards, te nin vo pu grinmin
Ché qu'à trop ouvrir l'bouc y zont tous quervé d'faim.

EUN'CH'TITE RIGOLAT'

(Rions un peu avec l'humour ch'ti)

« *Vec eun' bon' cafougnette, ch'fini toudis pa picher dans min calchon.*
(L'humour des Ch'tis est si dévastateur qu'il est venu à bout des nerfs de mon armée.) »

Gengis Khan décidant d'arrêter le siège d'Arras

Chez les Ch'tis, on aime bien rigoler. C'est même l'un des piliers de la culture locale. Mais, attention, on ne joue pas les mijaurées et on évite l'humour grinçant. Ici les blagues ressemblent à une bonne assiette de waterzoï : grasses mais franches et sans fioritures. Familiarisez-vous avec cet humour (aux antipodes du parisianisme) et avec le principal personnage des blagues nordistes : Cafougnette. Cafougnette, c'est le Toto des Ch'tis. Une vraie star qui peuple le monde de l'humour ch'ti depuis sa création par Jules Mousseron, un auteur mort pendant la Seconde Guerre mondiale... Vous connaissez déjà les rudiments de la langue ch'ti, mais, pour vous faciliter la tâche, certains mots seront traduits. Vous ne direz pas que tout n'est pas fait pour simplifier votre apprentissage !

LE PETIT CAFOUGNETTE discute avec un copain dans la cour de l'école.

— T'as d'mindé (*demandé*) quoi, ti (*toi*), à ch'père Noël ?

— Mi, j'ai d'mindé (*demandé*) un train électrique, et ti ?

— Mi, j'ai d'mindé des tampax !

— Quo qu'ch'est qu'cha (*qu'est-ce que c'est que ça*) ?

— J'n'in sais rien ! Mais avec, té peux faire du vélo, du bidet (*du cheval*), de l'gym et pis nager à l'piscine !

***

CAFOUGNETTE MARCHE dins'ch'désert in porte eune portière eud'carrette (*une portière de voiture*). I rinconte (*rencontre*) eune troupe eud'légionnaires qui li d'mindent (*demandent*) :

— Pourquoi avoir une portière si loin dans le désert?

Cafougnette répond :

— Comme cha, quind j'ai caud (*chaud*), i'm'suffit eud'baicher (*baisser*) l'carreau pou avoir d'lair !

***

CAFOUGNETTE S'EST perdu dans les bois. Il voit une petite cabane et il frappe à la porte :

— Y a quéqu'un ?

— Ouais ! répond un enfant.

— Tin père i est là ?

— Nan ! I est parti y a un quart d'heure !

— Et t'mère, all'est là ?

— Nan, all'est partie d'ichi au momint (*moment*) qu'j'arrivos (*j'arrivais*) !

— Mais que famille ! O'n'êtes jamais insempe (*ensemble*), alors ?

— Nan ! Ichi, ch'est ches cabinets !

***

CAFOUGNETTE DISCUTE au bistrot :

— Mi, je m'rappelle d'min catéchime avec monsieur l'curé !

El'premier jour, Diu i a fait el'Terre

El'deuxième, i a fait ches montagnes et l'mer

El'trosième, i a fait ches fleurs et ches fruits

El'quatrième, i a fait ches bêtes

El'chinquième, i a fait ch'l'homme

Ch'est seul'mint l'sixième jour qu'i a fait l'femme !

Ch'est là qu'in vot (*voit*) qu'i étot (*était*) vraimint mate (*fatigué*) !

***

CAFOUGNETTE RENTRE chez lui avec deux pneus de voiture. Sa femme lui dit :

— T'es pas malate ! A quo qu'cha sert d'rapporter des pneus à l'mason ! In n'a même pas d'carette (*de voiture*) !

— Et alors ? Ti t'as bin un soutien-gorche !!

***

CAFOUGNETTE RENCONTRE un camarade.

— Alors, Cafougnette, t'as trouvé d'l'ouvrache (*du travail*) ?

— Ouais, mais ch'est terripe (*terrible*) ! Faut s'léver à quatre heures ! Faut déchinde (*descendre*) à six chints mètes (*six cents mètres*) ! Faut ouvrer (t*ravailler*) al caleur (*chaleur*) ! Faut supporter ch'porion (*le contremaître*) qui est toudis (*toujours*) sus tin dos ! T'as vingt minutes pour minger ! T'as pas l'drot ed't'arrêter ! Et quand qu't'armontes (*remontes*), t'es tellmint mate (*fatigué*) que té t'laiches querre (*tomber*) comme inne mouque (*mouche*) jusqu'à c'que ch'revel (*le réveil*) i sonne à tros heures du matin !

— Mais ch'est terripe ed'l'ouvrache parel ! Et té fais cha ed'pis quand ?

— Ed'pis... d'main matin !

***

CAFOUGNETTE, IN PROMENADE, vot sin comarate (*camarade*) à joujouque (*à genoux*) in train ed'traire inne vaque (*vache*). Il n'arrête pas de se masser el'dos telmint qu'il a maux à ses reins.

Cafougnette li dit :

— T'es devros printe (*prendre*) inne caïelle (*chaise*) pour moins t'fatiguer !

Cafougnette continue s'prom'nade et arvient inne heure après. I vot sin comarate toudis (*toujours*) à joujouque (*à genoux*) :

— T'as pas essayé ed'printe inne caïelle (*chaise*)?

— Si, mais l'vaque (*vache*) all'n'veut pas s'assire d'ssus !

CAFOUGNETTE DEMANDE au médecin :

— Alors, docteur ? Vos croyez que j'dos m'faire opérer ?

— Ouais, mais ch'est pas grafe (grave) ! Ch'n'est qu'inne tiote (*petite*) opération !

— Ouais, mais ch'est toudis imbêtint (*toujours embêtant*) !

— Acoutez ! Chi vous voulez, vous n'avez qu'à printe (*prendre)* un deuxième avis médical !

— Ch'est cha ! J'arviens d'main, docteur ! !

***

MADAME CAFOUGNETTE va chez le médecin toutes les semaines.

— Docteur, j'cros qu'min cœur i bat trop vite ! Docteur, j'cros qu'mes boïaux i vont mal ! Docteur, j'cros que j'vas pas passer l'hiver !

A chaque fois, le médecin la rassure. Puis il ne la voit plus pendant six mois.

Un jour, elle réapparaît dans son cabinet.

— Ah ! Ch'a fait longtimps que je ne vous avais pas vue !

— J'n'ai pas pu v'nir ! J'ai été malate ! !

***

CAFOUGNETTE RENTRE chez lui avec deux pneus de voiture. Sa femme lui dit :

— T'es pas malate ! A quo qu'cha sert d'rapporter des pneus à l'mason ! In n'a même pas d'carette (*de voiture*) !

— Et alors ? Ti t'as bin un soutien-gorche !!

***

A L'ÉCOLE, l'instituteur demande au petit Cafougnette d'aller au tableau pour corriger un problème :

— Ton père achète 10 litres de vin à 1,50 € le litre. Combien ça lui fait ?

— Oh, avec min père, cha li fait deux jours !

CAFOUGNETTE DISCUTE au comptoir :

— Que vie qu'in mène, à ch't'heure ! Té t'rinds (*te rends*) compte, ches Américains i z'ont marché sur el'lune ! In invot (*ils envoient*) des fusées sur Mars ! In va bétôt tertous (*ils vont bientôt tous*) partir in vacances sur tous ches planètes ! Bétôt (*bientôt*), cha s'ra sus l'solel !

— Mais nan, innochint (*imbécile*), sus l'solel, in n'peut point ! Té t'rinds pas compte de l'caleur (chaleur) qu'i fait labos (là-bas) ?

— Ouais ! Mais y a qu'à y aller dins l'nuit !

***

CAFOUGNETTE, AU MOMENT DU BRIQUET, déballe ses tartines :

— Cor toudis (*toujours*) du pâté et des cornichons ! J'n'ai pas querre cha (*je n'aime pas ça*) !

Et il jette ses tartines dans une berline.

Le lendemain, au briquet :

— Cor des tartines et pis des cornichons ! Beurk !

Et il jette le tout dans une berline.

Le lendemain, il jette directement son paquet sans l'ouvrir. Son camarade lui dit :

— T'auros dû raviser (*regarder*) quand même ! P'ête que t'femme al't'a mis aut'cosse (*autre chose*) que du pâté et des cornichons !

— Nan ! Je l'sais qu'ch'est du pâté et pis des cornichons ! Ch'est mi (*moi*) qui les fais... mes tartines !

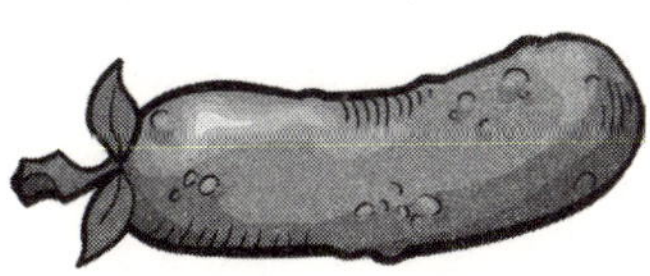

CAFOUGNETTE EST EN TRAIN de sculpter une statue de sainte Barbe.

Un de ses camarades s'approche et le regarde faire.

— Ch'est du boulot, hein !

— Mais nan, innochint (*imbécile*), ch'est du quêne (*chêne*) !

***

CAFOUGNETTE TRAVAILLE au fond de la mine. Il doit transporter sur le chantier des bois de soutènement.

Le porion (*contremaître*) l'interpelle :

— Hé là, ti ! Commint (*comment*) qu'cha s'fait qu'té portes seul'mint (*seulement*) un bos (*une planche*) à l'fos (*à la fois*) ? Tes comarates, i n'in portent deux à chaque cop (*coup*) !

— Ouais, mais eusses, i sont trop fates (*fainéants*) pour faire deux voïaches (*voyages*) comme mi !

Cafougnette est victime d'un éboulement au fond de la mine : il est prisonnier dans une galerie avec un camarade.

— Té connos (*tu connais)* inne prière, ti ?

— Nan, j'n'in connos point !

Cafougnette insiste :

— T'allos pas à l'égliche pou t'communion ?

— Nan !

— Té n'vos pas qu'in va mourir ichi ! Faudrot faire quett'cosse (*quelque chose*) ed'religieux, comme in fait à l'égliche !

— J'ai inne idée... in va faire inne quête !

***

CAFOUGNETTE SUIT le convoi d'un enterrement. Un de ses amis vient le rejoindre et dit :

— Alors, Cafougnette ! J'ai chu (*su*) que t'femme cha n'allot (*n'allait*) pas tros fort ! Commint qu'all'va ?

Et Cafougnette, montrant le corbillard :

— Comme té vos (*comme tu vois*)... Tout duch'mint (*tout doucement*) !

***

C'EST UNE INSTITUTRICE qui est envoyée dans une école dans laquelle les enfants ont un langage patois prononcé.

L'institutrice commence :

— Bon, les enfants, vous allez me dire ce que vous avez eu comme cadeau de Noël.

Un premier enfant lève la main et dit :

— Mi, à Noël, j'ai eu inne poupée qui piche (*pisse*) et qui cante (*chante*).

— On ne dit pas cela comme ça, dit l'institutrice. On dit : « Moi, à Noël, j'ai eu une poupée qui fait pipi et qui chante. »

Un autre enfant lève la main et dit :

— Mi, à Noël, j'ai eu inne carette (voiture) qui fonche à toute berzing.

— On ne dit pas cela comme ça, dit l'institutrice. On dit : « Moi, à Noël, j'ai eu une voiture qui roule à toute allure. »

Un troisième lève la main et dit:

— Mi, à Noël, j'ai eu in vélo.

— C'est très bien, dit l'institutrice, et un beau (*in bos = en bois*) ?

— Nin, in fer.

***

ON RACONTE des histoires drôles entre voisins, et madame Cafougnette dit :

— Mi, o'z' avez bieau faire, quand in raconte des histoires, j'arrife (*j'arrive*) jamais à les arténir (*retenir*) !

Un voisin affirme :

— Mi, j'sais pourquoi : cha rinte (*rentre*) dins eun'orelle et ch'arsort (*ça ressort*) par l'aute !

Et Cafougnette rajoute :

— Ch'est parc'qu'y a rien intre *(entre*) deux pour les arténir (*retenir*) !

***

IN R'VÉNANT d'l'interr'mint (*l'enterrement*) de s'femme Cafougnette i bot *(boit*) avec ses confrères, tout in buvant verre su verre, un d'ses comorates sans busier (*penser*) à mal s'met à canter (*chanter*) !

Cafougnette comminche (*commence*) à suive l'exempe, i s'met à crier comme un sourd ! Ses comorates veulent el faire taire…

— Ch'n'est point l'momint : In n'cant' (on ne chante) point un jour d'interr'mint (*d'enterrement*).

Mais non, Cafougnette cante d' pus belle com' eune jeune archelle (*jeune fille*)…

Tindant s' bras comme un orateur, i cri' chu qu'il avot (*ce qu'il avait*) d'sus l' cœur :

— Ah ! aujourd'hui, j'ardéviens (*je redeviens*) jeune. J'peux canter (*chanter*), j' peux vous in dire eune. Ch'est l'premièr fos qu'jé m'sus prom'né avec em'femme sans disputer (*c'est la première fois que je me suis promené avec ma femme sans me disputer*) !

UN COP (*une fois*), au fond de l'fosse, ches comarates à Cafougnette i ont voulu li faire eun' farce au momint de ch'briquet. Y in a un qui a mis eun' balle d'revolver intre ses tartines. Comme ch'étot (*c'était*) un galaffe (*gourmand*), Cafougnette i a tout avalé et i n'ont point rigolé du tout. El' lind'main (*lendemain*), Cafougnette i arrife (*arrive*) tout triste à l'fosse et i crottent (*ils croient*) qu'i a mal digéré. Sin copain li demande ch'qui s'passe.

— Acoute (*écoute*), qu'i dit Cafougnette, ch' matin in m'levant, j'ai pété un bon coup et j'ai tué min tchien.

***

MADAME CAFOUGNETTE vient d'avoir son permis. Elle s'engage à contresens sur l'autoroute.

— Mais i sont maboules ed'rouler si vite ! Et i n'savent pas rouler à droite, binde ed'niqu'doules (*d'idiots*) !

Finalement, elle se fait intercepter par la police.

— Ej'm'in doutos qu'j'allos vous vir ! I m'faijottent tertous des appels ed'phares ! (*Je me doutais que j'allais vous voir ! Ils me faisaient tous des appels de phares !*)

***

CAFOUGNETTE RENCONTRE un camarade.

— Cha va, Cafougnette ?

— Bof ! J'ai interré (*enterré*) m'belle-mère el'semaine passée !

— Ah bon ! Quo qu'all' avot (*avait*) ?

— Pas grand cosse (*chose*) ! Chinq caïelles (*chaises*), inne tape (*table*), inne gard'robe et pis gramint ed'fouffes (*et puis beaucoup de chiffons*) !

***

— MI, J'A 75 ANS. J'nai point trop à m'plaindre, mais j'sus sourd comme un pot.

— Té verras, quand té s'ras viux ! dit un second, je n'nai 80 et j'n'sins (*ne sens*) pus mes gambes (*jambes*) et j'ai bien des russes (*difficultés*) à lire min journal !

— Eh bin, mi dit Cafougnette, j'a 90 ans. Et chu qui n'va plus, ch'est mémoire. Hier au soir, dins ch'lit, j'ai voulu faire eun' séquoi (*je ne sais quoi*) avec em'femme et all' m'a dit : cha n'va pus la tête ? T'as d'jà fait ch'matin !

***

CHÉ S'CAFOUGNETTE, qui s'in va au coiffeur à mon ed sin camarate Batiste *(son camarade Baptiste)*.Tut (*tout*) in parlant, i l'i dit :

— Té sait es', Cafougnette, ej va déménager ej min va rester (*habiter)* au 34, rue des Bétraffes.

— Bon! ej min souviendrais, qui dit s' Cafougnette.

Eun' paire ed mos (*mois*) après ar v'là mon Cafougnette parti s' faire ar coper ses caveux *(couper les cheveux)*. Ej jour-la i quéyot (*tombait*) eun' petite pluie fine in i veilot (*voyait*) pu clair. Tout in cliquant (*clignant*) ed ses yux, i s' trompe i rinte (*rentre*) au 24, i buque *(toque)* al porte in i répond pas.

« Ben quoi i a personne in sait pas réponte (*personne ne peut répondre*) »

I avanche pu avant i eufe el porte qu'esse qui vot (*il avance, ouvre la porte et qu'est-ce qu'il voit*) : eun' viele femme grosse matrone qui faisot danser ses seins, ech l'homme pas pu honnête i étot (était) assis such' séau génique (*sur le seau hygiénique*) avec sin pantalon baissé qui ténot (*tenait*) un parapuie.

« Qu'esse que ché que cha qu'esse que ché ed mes gins-la » (*mais qu'est-ce que c'est que ces gens*), qui s'dit in li même. J'ai dû m' tromper ed porte effectivemint (*effectivement*). In arrivant ché sin camarate i l'i raconte es' qui vénot ed vire *(voir)*.

— Ché pas étonnant, qui dit l'aute : t'as dû ar quéyir à mon ed ché sourds et muets i s'explicotent (*tu as dû tomber chez les sourds et muets en pleine conversation*).

— Ben j'auro ben voulu savoir es qui disotent (*ce qu'ils disaient*).

— Ché pas difficile. Elle à l'i disot va m' quer du lait (*elle lui disait va me chercher du lait*), ech l'homme i l'i répondot: « Té m'tchier i pleut (*ça va pas, il pleut*). »

***

ECH CAFOUGNETTE i interre es' belle-mère un rute chameau (*un vrai chameau*).

L'interremin finit, v'là mon Cafougnette parti boire un verre. I sort d'ech eun' heure café (*il sort après une heure au café*) avec un p'tit verre d'in l' nez. Quand même cha i avo plu d'interrer (*ça lui avait plu d'enterrer*) es belle-mère. Ej jour la i faiso (*ce jour-là il faisait*) un grand vint (*vent*) arrivé in face ed mon batiston i archu (*il a reçu*) eun' tuile grante comme eun' pelle à carbon (*charbon*) such' tiête (*sur la tête*) pan! Chaos. Un momint après, tout in s'ar lévant (*tout en se relevant*) i ravisse in l'air (*il regarde en l'air*) et i dit :

— Ché pas possipe, qu'el chameau la al s'rot déjà arrivée in haut (*c'est pas possible que ce chameau-là soit déjà arrivé là-haut*).

CAFOUGNETTE SE REND au commissariat et déclare :

— Monsieur l'commissaire, em'femme all' a disparu !

— Depuis combien de temps ?

— Cha va bétôt (*bientôt*) faire un an !

— Et c'est seulement maintenant que vous venez signaler sa disparition ?

— Bin, j'osos pas l'croire !

***

UN SOIR D'HIVER alors qui fait bin noir, Cafougnette i rinconte *(rencontre)* sin camarate Batisse Boudaine. El Batisse y'est tout déloqueté (*débraillé*) et y'a s'gamelle *(gueule)* in sang.

— Eh ben, Fieu, qu'éché qui t'arrive ? qui li dit Cafougnette.

— Euch' sortos de ch' bistrot de l'eglisse quin les gars SOMAIN y sont arrivés à chinq et qui m'ont foutu su m'gamelle (*ils m'ont foutu sur la gueule*).

— Ah ! les pourises (*les pourris*), d'où qu' ché qui sont ?

— I sont toudis (*toujours*) din ch' bistrot !

— Attin, te vas vire (*attends, tu vas voir*), in va y'aller tous les deux. Mi j' vas rintrer (*rentrer*) din ch'troquet (*dans le bistrot*) et j' te vas leur foutre eune de ces raclées et les sortir par el' ferniette (*la fenêtre*). Ti té restes déhors et te les comptes. D'accord ?

— D'accord ! qui répond Batisse Boudaine.

A ch' momint-là Cafougnette i rintre *(rentre)* dans ch' troquet et in intin (*on entend*) un raffut du diape *(diable)* pi i n'a un qui fait un vol plané par el' ferniette (*la fenêtre*) et qu'i atterri sul pavé. Batisse Boudaine y est tout contint et y crie :

— Eh un !

Et din l' noir in entin l'aute (*et dans le noir on entend l'autre*) qui répond :

— Compte pu, ché mi (*compte plus, c'est moi*) !

APRÈS L'AMOUR :

— Dis, chérie, tu m'aimes ?

— Bin sûr qué j'té quaire (*je t'aime*), in v'là inne question !

— Dis, chérie, si j'venais à disparaître, tu prendrais une autre femme ?

— J' n'in sais rin, pé-tète e ! ! !

— Tu te remarierais ?

— Je n' sais pons, pé-tète (*peut-être*), je n'in sais rin !

— Tu l'installerais dans notre maison ?

— T'in posses des questions aujourd'hui, pé-êre, j' té répète, j' n'in sais rin ! ! !

— Tu dormirais dans notre lit ? ? ?

— J' t'ele répètes incore inne fos, j' n'in... sais... rin

— Tu lui donnerais ma voiture ? ? ?

— Non... là j'in suis certain, non... alle n'sait pas conduire !

L'MOBYLETTE À BATISSE.

— Alors té viens souper, Batisse ??? J'atteinds d' pus tros quarts d'heure ! ! ! Cha va ète frod (*froid*) !!! qu'al dit Zabelle, l'finme (*la femme*) à Batisse.

Batisse i avot core démonté s'boîte ed vitesse d'es grosse mobylette WMB Ed 80 bidets (*chevaux*).

— Atteinds core deux minutes, j'ai deux ou trois tiots boulons à arserrer (*resserrer*)… J'arrife (*j'arrive*) ! !

« J'vas daller (*je vais aller*) faire un tiot (*petit*) tour pour l'essayer avant d'souper, qui s'dit, Batisse. J'vas faire vinaique (*vite*) ou Zabelle alle va m'ingueuler (*m'engueuler*). »

I monte d'sur es bécane et le v'là parti à fond d'train dins les corons…

Henri, l'carieux *(colporteur)* d'carbon (*de charbon*) vénot (*venait)* d'passer, sin bidet (*son cheval*) avot laissé quaire (*tomber*) un biau crottin d'sur el quémin (*sur la route*). Un tiot osieau état un train d'festoyer ! n'a pas eu l'temps d's'involer, ch'malheureux, v'là Batisse qui li rinte ed dins !! Ch'motard, s'arrête s'artourne et vot l'osieau sus l'dos. Les pattes in l'air. I étot K.O.

« J'vas pas l'laisser d'sus l'route, i va s'faire écraser pour du bon. »

I l'ramasse et l'rapporte as maison.

— Qu'est c'que ch'est qu'tó ramènes la qui'alle !!!, dit Zabelle.

— Té l'vos bin, ch'est un osieau, j'l'ai rinversé avec em mobylette, sans l'faire esprès, j'ai pas eu l'temps ed freiner. I n'est pas mort, i faut s'in occuper.

— Ouais, t'as raison, j'vas aller arquaire (chercher) l'gayole à Fifi (*la cage à Fifi*) qui est mort l'année passée, in va l'installer ed dins.

Is li font un tiot nid aveu d'el ouate (*avec de la ouate*), is li installent inne mangeoire aveu des pitites graines et is s'in vont s'couquer (*coucher*) après avoir mié (*mangé*)...

V'là l'osieau inclamé (*enfermé)* à l'intérieur d'el gayole (*de la cage*)...

El lend'main matin, l'osieau sort du coma ! ! ! ! ! I vot (*voit*) des barreaux tout autour ed li ! ! !

« Vain diousse, qui s'dit l'osieau, j'ai dû tuer l'motard, is m'ont mis in prijon ! ! ! »

***

— **ET TI CAFOUGNETTE**, té mets des snips (*slips*) kangourou ??

— Des snips kangourou ?? Qu'equ ch'est qu'cha ??

— Ch'est des snips aveu inne poche par dévant !!!

— Non ma zami, z'ai zamais vu de snips kangourou !

— Alors Cafougnette, si i n'a pas d'poche par dévant, Cafougnette, commint qu'arconnot (*reconnaître*) l'devant de l'derrière ? ? Ah ! ! !

— Ch'est pas difficile, par-dévant té mets l'jaune, et par-derrière té mets l'marron !

***

UN TIOT GARCHON À S'MÈRE :

— Man, viens vite, l'armoire al' est queu (*l'armoire a une queue*)...

— Va tin l'dire à tin père !

— Y l'sait d'ja, y in'd'sous (*il le sait déjà, il est dessous*)...

***

UN HOMME y vient d'passer l'arme à gauche, et qui arriffe (*arrive*) au paradis…

Dins ch'bureau d'saint Pierre, i armarque (*remarque*) qu'y a des myions (*des millions*) d'horloches (*horloges)* qu'al sont accochées sur tous chés murs.

Cha l'intrique (*l'intrigue*), et i d'mante à saint Pierre :

— Dites-me, à quo qu'cha sert (*à quoi ça sert*) tous chés horloches incrinquées (*accrochées*) su chés murs ?

Ch' saint homme i li répond :

— Cha ? Ch'est des horloches à minteux (*des horloges à mensonges*) *:* à chaque cop (*coup*) que quiqu'in i dit un minsonche (*mensonge*), s'n'horloche, al avanche (*avance*) d'inne heure ! Ravisse (*regarde*), par eximp' (*par exemple*), cheule à Mère Teresa al est fixée su midi, donc, al a jamais dit d'mintiries (*de mensonges*), té vos (*tu vois*)…Pis cheule à Vercingétorix, et bin al marque deux heures, cha veut dire qu'i n'd'a dit deux dins s'vie (*dans sa vie*)… Té comprinds (*tu comprends*)?

Ch'l'homme i ar-ravisse cor un cop (*regarde encore une fois*) toutes chés différintes (*les différentes*) horloches...

— Mais, j'vos nin l'mienne (*je ne vois pas la mienne*)… Dû qu'al est (*où est-elle*) ?

— Ahh !... L'tienne… Al est pon ichi, min fiu (*elle n'est pas ici, mon vieux*), al est chez Jésus… I l'utilisse comme vintilateur (*ventilateur*) ! !

V'LÀ QU'PINDINT (*pendant*) l'guerre ed 14, Batisse (*Baptiste*) qui venot (*venait*) d'Boulonne (*Boulogne*) il est ingagé dins ch'régimint (*dans un régiment*) formé à Cambrai, (ch'étot pour cha qui faisot des bétises).

Dins ches tranchées, Batisse qui étot malin, va voir sin capitaine et li dit :

— Min capitaine dins l'trinchée (tranchée) d'in face tous ches Alleminds y s' appellent te tous Hans, si j'prind el meilleur tireur de l'companie et j'appelle les Alleminds par leur tit nom chur (sûr) qu'on fait un carton.

Félicitaye (*félicité*) par sin capitaine pour sin initiative, v'là not Batisse qui s'imbusque (*s'embusque*) avec el tireur d'élite.

Il appelle :

— Hans, Hans !

Un Allemind y ch' lève et répond :

— Jawohl !

Et y s'prind eun balle dins l'tête.

Et Batisse arcontinue :

— Hans, Hans !

— Jawohl !

Et paf ! Eun balle dins l'tête.

Et cha continue toute l'matinée.

Un sous-off allemind va vire (*voir*) sin capitaine et y dit y a ches Frinçais qui appellent nos soldats par leur tit nom Hans, et y repondent te tous, car dins not régimint y a que des Hans, et y prennent tous eun balle dins l'tête.

El pitaine allemind y dit on va faire comme eux, les Frinçais y s'appellent te tous Léon, euj va les appeler.

Et l'Allemind y prend el meilleur tireur et y s'imbusque.

Y l'appelle :
— Léon, Léon !
Pon (pas) de réponse.
— Léon, Léon !
Et là Batisse qui répond :
— Ch' est ti, Hans (*c'est toi, Hans*) ?
Et l'capitaine allemind é s'lève :
— Jawohl ! ! !

***

UN FIEU D'MINT (*un fils demande*) à sin pere :

— Dis, papa, quo qu'chés (*quelle est*) que l'differinche intre CONCRETEMENT et POTENTIELLEMENT ?

Eul père, y appèle eusse femme et li dminte (*demande*) :

— Dis meu Emillénne, te voudro ti (*est-ce que tu voudrais*) pour un millon couquer (*coucher*) avec Alain Delon ?

Eusse méquenne (*sa femme*) qui ropond sitôt :

— Mais min cherl, in est mariés d'puis si longtimps...

Ch'l'homme y insiste, et s' femme y répond :

— Ouai... Alain Delon y est pas mal et pis un millon... Ouai j' cros qu' j'diro ouai (*j'crois que je dirais oui*), in fait, ch'est sûr, j' dis ouai sans hésitation !

Eul mari s'artourne (*se retourne*) vers sin fieu (*fils*) et y dit :

— Te vos, tcho (*tu vois, petit*), avec eut' mère à l' mason in a POTENTIELLEMENT un millon mais... CONCRETEMENT in a eine grosse pourchiotte (*on a une grosse salope*).

— J'ai rincontrait (*rencontré*) un beau tiot (*petit*) bout d'femme... Té véro, al'a tout pour elle. L'problème, c'est s'famill' : y sont pas d'accord que ch'va avec eul' fill' (*que je fréquente leur fille*)...

— Ah ouais. Mais pourquoi qu'sin père et s'mère y veulent' pas qu'té va avec elle (*que tu la fréquentes*) ?

— Nan, ch'est pô sin père et s'mère, mais s'n'homme...

***

CH'TIOT PIERRE y jue (*joue*) au train électrique dins l'salon. S'mère al l'acoute juer (*l'écoute jouer*) et intind (*entend*) :

« Gare ed' Lille, gare des débiles, deux minutes d'arrêt... »

Al dit rin (*elle ne dit rien*), mais li fait des gros yeux.

« Gare ed' Douai, gare des pédés, deux minutes d'arrêt... »

— Pierrot, té vas arrêter un tiot peu ! ! !

Y s'passe queq' minutes, pi al intind (*entend*) :

« Gare d'Avion, gare des cons... »

— Bon cha suffit, ravisse (regarde), ch'l'élastique y est tindu (*l'élastique est tendu, tu as trop tiré sur la corde*)...

Et vlan, y prind ein' torniolle (*une baffe*).

— File dins t'chambre ! ! !

Ein' heure plus tard, l'femme autorise ch'tiot Pierre à r'tourner juer.

Queq' minutes plus tard, al intind :

— Gare d'Arras, ein' heure d'artard (*une heure de retard*) à cause d'ein' connasse...

***

CH'EST UN COUPLE ed' viux qui fêtent leu 60 ans d'mariache.

— Quô qu'té voudrô que j't'accate (*achète)* pou nos 60 ans d'mariach' ?...

— T'as pas b'soin d'm'accater quet'cosse (*quelque chose*). L'seule chose que j'voudro, ch'est qu'in fasse l'amour comme quind in étot jône (*quand on était jeunes*).

— Mais té sais bien que ch'peu pu faire grand-cosse (*grand-chose*).

L'vielle dame insiste tell'mint (comme toutes ches femmes) que ch't'homme accepte. Y comminchent leu n'affaire, mais rin n'y fait... Cha n'veut point... Y' insiste, y' insiste... pis au bout d'un momint :

— Ça y est ! j'cros qu'cha rintre ! ! !

— P't'être ed' tin côté, mais pas du mien...

***

— **DÙ QU'I ES TIN CAT** (*où il est ton chat*)*?* Cha fait un momint qu' j' l'ai point vu ?

— Min cat ? Y' est mort samedi !

— Y' est mort samedi ? Mais j'l'ai core vu samedi matin, i courot après ches osieaux dins min gardin (*il courait après les oiseaux dans mon jardin*) ! ! !

— Bin y est mort dins l'après-midi...

— Hein ? Commint qu'ch'est arrivé ?

— Bin, j'l'ai lavé dins m'baignoire samedi après-midi et j'ai l'ai artrouvé crévé. Dins l'soirèe... J'in brais core (*j'en pleure encore*)...

— Té m'étonnes... Mais un cat cha s'lafe pô (*ça se lave pas*) ! T'auros dû t'in douter, in n'lafe pô un cat, surtout dins ein' baignoire. Té l'savos pô (*tu le savais pas*) ?

— Si jé l'savos, mais ch'est pô dins l'baignoire qui est mort, ch'est dins l'essoreusse...

***

UN TIOT GARCHON, à s'mère :

— Man *(maman)*, c'te nuit vous faisotent tell'mint d'bruit (*vous faisiez tellement de bruit*) avec ch'père qu'chu v'nu vire (voir) quô ch'est vous faisontent (*ce que vous faisiez*). T'étot in train d'arbondir su pa (*de rebondir sur papa*). Pourquoi qu'té f'zot (*tu faisais*) cha ?

— Euhhhh, bin euhhh... té sais, ma Loute, tin père y' est tell'mint gros que j'arbondi su sin vintre (*ventre*) comme cha y va s'aplatir...

— J'pinse pas cha va marcher.

— Hein ? Pourquoi qu'cha n'marchro pas ?

— Bin, té sais, quind qu't'es pas là (*quand t'es pas là*), l'voisine al vient pi al'ar-souffle eud dins (*elle ressouffle dedans*)...

***

CH'EST MOZART pi Bach qui bovent' eune pinte à l'terrasse d'un bistrot.

L'serveusse al' arrife pou printe l'commante :

— Pour monsieur Bach, ce sera ?

Bach y repond :

— Un petit whisky...

— Et pour monsieur Mozart ?

Mozart y répond :

— Un baby comme Bach...

***

EIN' ASSISTANTE SOCIALE rimpli un dossier pour ches allocations familiales :

— Alors, madame, vous avez combien d'enfants ?

— J'ai sept infants...

— Quel âge ont-ils ?

— Douze, 11, 10, 9, 8, 7 et 6 ans... Après, in a eu l'télé...

C'est un paysan de sa cambrousse natale qui a perdu (pour la nième fois) son chien.

A sa femme :

— Dis l'ma'l'ie (*la Marie*), l' chien a enco'l dispa'l'u (*a encore disparu*).

— Vas-y voir un peu au refuge...

Le bougre s'en va donc au refuge pour récupérer son chien :

— B'jour, m'sieur, v'là. J'ai pe'l'du mon chien v'là deux jou'l et comme y revenait pas, je me d'mandais si vous pou'l'iez pas m'aider ?

— Le chien est-il tatoué ?

— Bien sûr qu'il est à moué (*à moi*).

***

CH'TIOT CAFOUGNETTE intind (*entend*) du bruit dins l'salle de bain, le soir. Y va donc vir (*voir*). Là, il voit sin père in train d'artirer (*de retirer*) ein' capote inglaise. Cafougnette, curieux, comme à s'n'habitut' (*à son habitude*), d'minde (*demande*) à sin père :

— Pa, quô qu'té fait dins l'salle de bain à c't'heure-chi (*Papa, qu'est-ce que tu fais dans la salle de bain à cette heure-ci*)?

Sin père, tout gêné, li répond :

— Heu... J'cache (*je guette*) après des souris...

Et Cafougnette, qui n'in démord pas, li répond :

— Té cros (*crois*) faire quoi avec cha ? Les enculer ?

CH'T'UN SINSIER qui déchint (*descend*) de ch' train à Lille.

Y tire à gauche et y s'artrouffe (*se retrouve*) rue du Molinel.

Y a ein' prostipute (*prostituée*) qui y dminde (*demande*) :

— Té viens, chéri, ch'est 30 euros !

— Trop quer (*cher*), qui y répond.

Il in vot (*il en voit*) plusieurs comme cha et y répond toudis parel (*toujours pareil*), jusqu'au momint ou y n'a eine qui li dit :

— Deux euros chéri...

— A ch'prix là, ch' est ch'qui m'faut ! ! !

Y monte din l'cambuse (*la chambre*) de l' prostipute. Elle inléve eusse maronne (*sa jupe*) et là y vos des bêbêtes...

Y ravisse (*regarde*) éd plus près et y dit :

— Mais dis cha, ch' est des morpions ? ? ?

— Pourquos ? Pou' deux euros té t'attindo (*t'attendais*) quind (*quand*) même pas à des gambas ?

***

EINE BONNE FEMME elle est dins ch'train avec deux jonnes (*jeunes*) bidasses.

Y n'a un qui li dminte (*demande*) :

— Du ch'est qu'té vas ti z'autes (*Où allez-vous*) ?

Al répond :

— J'vas à Lille.

Un d'ches soldats insiste :

— Lille avec deux « L » ?

— Nan, avec deux cons!

***

CH'EST MARIE qu'al est appelée par el directeur du collège duque sin infant (*où son enfant*) Jésus va à l'école :

— Acoutez-me, Marie, cha n'peut pas continuer comme cha ! Vo garchon n'arrête pas d'faire l'andoulle à l'école !

— Ah, bon ! Et qu'est-ch' qui fait ? qu'al dit Marie.

— Ch'est bin simp, in va à l'piscine, i marche sur l'iau pour épater ses copains. A l'cantine, pou rigoler, i multiplie les pains, i n'arrête pas ! ! !

— Ah ouais ? Eh bin, vous avez bein fait d'me prévenir ! J'vas m'occuper d'sin cas !

Et d'abord, pou l 'punir, ses vacances ed' Pâques, i peut faire eune croix d'ssus ! ! !

***

CH'EST UN INTERNE ed' l'hôpital ed Lens qui fait s'tournée des urgences arrivées pindint l'nuit. I tombe su deux gars avec leu tiêtes (*têtes*) bandées. In dirot (*on dirait*) des œufs d'Pâques).

— Eh ben ! Qu'est-ce qui vous est arrivé, à vous deux ?

— Acfident ed d'autio, bredouille avec bin du maux (*bien du mal*) ch'premier gars.

— Ça alors ! Elles doivent être dans un bel état, vos voitures !

— Oh, fa va, al n'ont rin... Vous foyez, docteur, s'te nuit i f'sot (*faisait*) du broullard, in n'voyot rin (*on n'y voyait rien*)... Alors in roulot (*on roulait*) tous deux afec l'tiête qui dépasso del' portière (*avec la tête qui dépassait de la portière*)... pis in s'est croisés.

***

CH'EST L'RINTRÉE (*rentrée*) des classes et l'nouvelle maîtresse dé ch'tiot Cafougnette inscrit sin nom chu (*sur*) l'tableau pou que toute el classe sin (*s'en*) souvienne.

— Voilà, qu'al dit. Rappelez-vous bien de mon nom, je suis mademoiselle NIBRARD.

Toute el journée, ch'tiot Cafougnette répète ch'nom dins s'tiête (*dans sa tête*) pou pô l'oublier :

« NIBRARD, NIBRARD, NIBRARD, NIBRARD... »

L'soir, rebelote :

« NIBRARD, NIBRARD, NIBRARD, NIBRARD... »

Sin père, qui s'deminde quo ch'est qui s'passe (*ce qui se passe*), li dit :

— Quo ch'est qu'té répète d'pis qu'té rintré (*depuis que t'es rentré*) d'l'école ?

— Ch'est m'nouvelle maîtresse, mselle NIBRARD. Faut qu'je souvienne d'sin nom, ch'est elle qui la dit...

— Bin ch'est facile, qui li dit sin grand frère in rigolant, t'a qua pinser à des NIBARDS, pis té rajoute un R.

L'lend'main, ch'garchon i'est interrogé par l'maîtresse :

— Cafougnette, on va voir si vous avez suivi. Dites à la classe comment je m'appelle !

Ch'tiot Cafougnette i est paniqué, i s'souvient pô de ch'nom (*du nom*) del' maîtresse. Pis d'un coup, i s'souvient de s'que sin frère lui avot dit :

— NICHRON, vous vous appelez mam'selle NICHRON !

CH'EST EIN' TITE VIELLE qui va al' messe, quand d'un coup ch'curé y dit :

— Que tous ceux qui ont commis le péché d'adultère s'avancent.

Eulle tiote vielle, dure de l'feulle (*dure de la feuille*), dminde à sin vosin :

— Qu' o qu' ch' est qui a dit, euch' curé ?

L'aute y y répond :

— Y' a dit que tous ceux qui veult'ent eine pastile à l'menthe s'avinchent (*s'avancent*).

Eulle tiote vielle toute berloqueusse (*branlante*) in s'appuyant sur s'canne, s'léfe (*se lève*) avec gramint eud maux (*beaucoup de mal*). Eul curé y li dit :

— Vous ? Madame ? A votre âge, vous n'avez pas honte ?

— Ch'est pas pasque j'ai pu d'dints (de dents) que chui pas capape (*je suis pas capable*) d'in chucher *(d'en sucer)* eine eud timps in timps (de temps en temps), te sais ti z'autes (*vous savez*) !

***

CH'EST ZULMA ET FERNANDE qui vont dins un camp (*champ*) au mois d'août, ramasser les pétotes (*champignons*) laichées su l'camp par el ceinsier (*propriétaire*).

A un momint, Zulma, elle crie :

— Vingt dious ! Ravisse' ichi (*regarde ici*) ! Ches deux pétotes-là qu'j'ai chi dins m'main ! In dirot (*on dirait*) les roubignolles du Zeph !

— Ch'n'est point vrai, qu'al répond Fernande. Aussi grosses ?

— Nan, qu'al fait Zulma. Aussi sales ! ! !

Ch' est tros (*trois*) copains accoudés au bar du coin.

***

V'LÀ QU'LA CONVERSATION, elle débouche su l'nature de ches pets.

L'premier i dit :

— Mi, quand j'pète, cha fait du bruit, mais ch'a n'pu pô ! ! !

Alors l'second i dit :

— Mi, quand j'pète, cha fait du buit et cha pu tell'mint (*tellement*) qu'ches mouques (*mouches*) tompent (*tombent*) raides mortes...

Et ch'dernier :

— Bin mi, quand j'pète, y a pô d'buit, pis y a pô d'odeur ! ! !

Ches deux aut' in chœur :

— Bin pourquô qu'té pète alors ? ? ?

***

CAFOUGNETTE i'est invité à ein' battue, mais à l'fin d'journée, i n'a pô attrapé grand cos' (*chose*). Par contre, ches bouteill' al ont bien été décindues (*descendues*)...

— Eh bin, Cafougnette ? ricane un d'ses camarad' ed cache (*de guet*). In n'a pas les yux in face des trous aujourd'hui ?

— C'est vrai ! rajoute un aut'. In diro qu'té fais exprès ed rater ches faisans qui s'invol'tent d'vint ti (*qui s'envolent devant toi*) !

A c'momint-là, ein' ombre passe au-d'sus leu tête. Cafougnette dégaine, vif comme l'éclair, épaule et tire...

— Raté, dit ch'premier cacheux (*chasseur*).

— Eh bin heureusemint, qui dit l'deuxième. Ch'éto (*c'était*) un deltaplane...

***

CHA FAIT PLUSIEURS FOS qu'el femme ed Cafougnette intind (*entend*) s'n'homme app'ler Antoinette in dormant :

— Qui ch'est celle lalle (*qui c'est celle-là*) ? qu'a lui d'minde in matin in s'réveillant. T'es toudis (*toujours*) in train ed rêver d'elle !

— Bin... bin... euh... Ch'est ch'bidet (*le cheval*) que j'jue toudis (*je joue toujours*) au PMU ! J'ai cor (*encore*) gagné diminche (*dimanche*) grâce à elle !

El lend'main, in rintrant (*en rentrant*) del mine, s'femme l'ravisse (*le regarde*) méchamment et li dit :

— Tin bidet (*ton cheval*) i ta téléphoné deux fos (*fois*) ch'matin...

***

CH'EST UN VIEUX BONHOMME qui déringe tout l'monde au cinéma in f'san du bruit parc'qui cache (*cherche*) après quet'cos (*quelque chose*)...

Au bout d'un momint, ches gins commincent (*les gens commencent*) à n'avoir marre. Y a un homme qui d'minde :

— Quô qu'vous cachez (*cherchez*) là ?

— J'cache (*je cherche*) après min caramel...

— Tout cha pour un caramel ?

— Bin ouiap, y'a min dentier ed collé d'su...

CH'EST EIN' FEMM' qu'i est dins sin lit avec s'n'amint (*son amant*). Qu'i'est auchi (*qui est aussi*) l'meilleur ami de s'n'homme...

Tout un coup, l'téléphone i sonne. L'femm' al répond :

— Ouaip !

— ...

— Chu continte ed d'savoir qu'té t'amuses bin... Mi aussi j't'a querre (*je t'aime*)... B'allé, à dé (*allez, a plus tard*)...

Pi al raccroche.

— Qui qu'ch'étot (*qu'est-ce que c'était*) ? qui li d'minde s'n'amant.

— Ch'étot m'n'homme (*c'était mon mari*). Y prétind qu'y est al pêque avec ti (*il prétend qu'il est à la pêche avec toi*)...

***

CH'EST DEUX CAMARAT' qui s'artreuvent (*se retrouvent*) dins un tiot estaminet :

— Alors, Biloute, quand qu'ch'est qu'té passe minger à m'mazon (*quand est-ce que tu viens manger à la maison*) ?

L'aut' qu'y a l'moral dins les cauchettes (*chaussettes*) :

— Ah ! Minger, toudis minger (*manger, toujours manger*) !

— Si té n'veux nin minger, viens au moins boire l'apéro à m'mazon. J'té nin vu chez mi (je t'ai pas vu chez moi) puis que chu déménagé...

- Ah ! Té sais, boire, toudis (*toujours*) boire !

- Bin si passe ! M'femme al s'ra continte dé t'vire (*elle sera contente de te voir*)...

- Ah ! Baiser, toudis (*toujours*) baiser ! ! !

***

CHÉ CH'PÉTIT CAPIAU ROUCHE (*le petit Chaperon rouge*) qui va vir (*voir*) s'grind-mère :

In route muché (*caché*) derrière un buichon, el' vo ch'grand leu (*elle voit le grand méchant loup*).

VV'là ti pas qu'l'innochinte (*l'idiote*) al li raconte qu'al va vire (*voir*) s'grind-mère et in plus al' li tient el'crachoir :

— Grand Leu (*loup*), que vous avez de grinds bras ?

— C'est pour mieux t'faire des baises (*baisers*) em' fille.

Et sur ce y détale comme un voleur ed'poules.

Al continue sin ch'min et al arvoit (*revoit*) grand leu toudis (*toujours*) muché (*caché*) derrière un buichon :

— Grand Leu, vous étes déjà là, que vous avez de grandes gambes (*jambes*) ?

— C'est pour mieux courir, m'n'infant !

Et le v'là arparti (*reparti*) à fond d'train !

Al continue sin ch'min et al artombe (*retombe*) d'su grand leu, muché (*caché*) derrière un buichon in vo (*on voit*) qu'ses orelles.

— Grand Leu, que vous avez de grandes zoreilles ?

— C'est pour mieux t'acouter (*t'écouter*), m'n'infant.

L'ar v'là parti vintre (*ventre*) à terre !

Al arrive d'vant l'mason de s'grind-mère et al vo s'grand leu tête inflé, qui serre les dints, y é cor là muché derrière ch'el palissade:

— Que vous avez de grindes dints !

Alors Grand Leu à bout nerfs li dit :

— Mé té vas laisser chier trinquile, ouais !

CAFOUGNETTE, y'avot l'habitud' dé s'pom'nè (*se promener*) du côté deuch' parc des Cytises ed Lens. I voyo (*voyait*) ches avions d'l'aéroclub d'à côté décoler, pis attérir.

Cha li donno (*ça lui donnait*) invie ed monter un jour dins un avion.

Jusqu'au jour où y c'est enfin décidé. I s'paye alors un baptême de l'air...

Le v'là ti pas monté dins l'avion.

— Attachez vos ceintures, monsieur Cafougnette ! qui li dit ch'pilote.

— Ouet! ouet! min garchon, n't'e fais pas d'bil'...

— Nous allons décoller, nous décollons, ça va, monsieur Cafougnette ?

— Cha va, cha va...

— Je vais faire un looping! Attention, je commence.

— Quo ? Un loo quoi ?

L'v'là parti, l'avion tourne et ratourne, monte et descind, y s'artourne incore... et attérit enfin...

Ch'pilote argarde (*regarde*) derrière li et vo Cafougnette avec ein'drôle ed gamelle (*tête*). Y est tout vert avec ses yux hors de s'tiête (*les yeux hors de la tête*).

— Qu'avez-vous, monsieur Cafougnette ?

— Cha va, cha va aller, mais ch'est l'première fo que j'fais dins m'maronne *(pantalon)* avec mes guimpes en l'air (*les jambes en l'air*)...

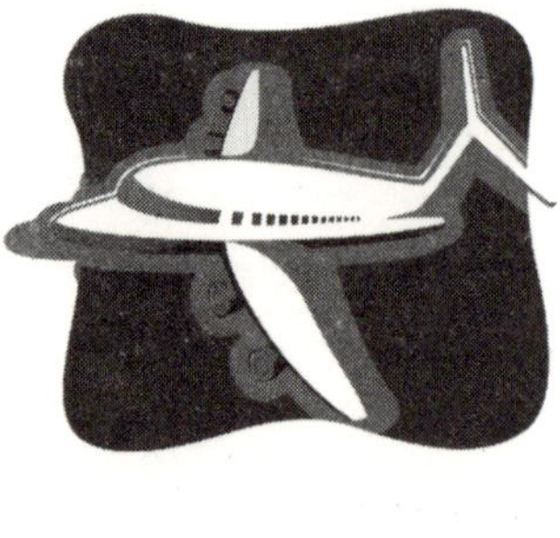

CAFOUGNETTE Y VA VIRE (*voir*) sin camarat' l'Zeph qui' est hopitalisé à cause del' sylicose.

Y' arrif' (*il arrive*) dins l'chambre de sin camarat', s'approche ed' li.

— Oh ! l'Zeph, j'té d'minde nin commint qu'cha va (*je te demande pas comment ça va*)...

In effet, l'Zeph' n'avot pas l'air d'aller trop bien. In lui avot brinché (*branché*) l'oxygène et y' avot beaucoup d'peine à respirer.

Cafougnette commince alors à li raconter commint qu'ça s'passo dins leu' coron (*comment ça se passait dans leur coron*), et au fur et à mesure qui discuto (enfin qui faisot sin monoloque) y vayo (*voyait*) sin camarat' qui s'enoquo (*s'étouffait*) d'plus in plus...

— Quô qui s'passe el' Zeph, cha va pô ?

L'zeph essayo d'li dire qué qu'cosse (*quelque chose*), mais ni arrivo nin (*n'y arrivait pas*).

— J'ai ein' idée, qui li dit Cafougnette. Té va m'écrire quô qu'té veux m'dire (*ce que tu veux me dire*).

Y li donne alors ein' feulle ed papier pi d'quoi écrire. Ch'pauv' Zeph essaie tant bien qu'mal d'ecrire qué qu'cosse (*quelque chose*) pi li passe ch'morciau (morceau) papier où y avot d'écrit :

« Ar-tire tin pied dé ch'toyo, ch'peux pu respirer (*retire ton pied du tuyau, je peux plus respirer*). »

AL'GARGOTTE

(La bonne cuisine ch'ti)

« *L'gargotte ch'ti n'est point fine mais al implit ! (La cuisine ch'ti n'est certes pas la plus raffinée, mais elle sait rassasier le voyageur)* »

Christophe Colomb de retour d'Amérique

Comme, en pays ch'ti, tout se termine invariablement autour d'une bonne table, nous vous offrons également un florilège des meilleures recettes que porte la cuisine du Nord. Oh ! bien sûr, n'espérez pas raffinement et délicatesse. Pas de sauce aux pétales de rose ou autres mignardises et mièvreries. Non, chez nous, dans le Nord, c'est de la cuisine solide, robuste, une cuisine qui permet de résister au froid, au chagrin (entendez le travail à la mine) et aux hectolitres de bière. Cultivez-vous, puis régalez-vous pour fêter ça !

Ce qu'il faut manger

Quoi de plus frustrant que de connaître une région et ses habitants, mais pas ses traditions culinaires... N'hésitez pas à goûter la cuisine ch'ti : elle est roborative, innovante et toujours surprenante. Et en plus, cela fera plaisir à tous vos nouveaux amis !

CINQ RECETTES DE CH'TI QU'IL FAUDRAIT INVENTER...

1. Nage de maroilles à la bière.
2. Emincé de gaufres à la cassonade.
3. Biloute farcie aux bêtises de Cambrai.
4. Méli-mélo de carbonnade sur caviar de charbon.
5. Soupe de silice au grisou.

Les recettes traditionnelles

La carbonade (Béthune)

« Vec eun bon' carbonade t'armonté comme eun horloche. (La carbonnade pourrait être le carburant de la révolution prolétarienne.) »

Mao Zedong après un copieux dîner chez Willie Zoet à Saint-Vaast-en-Cambrésis

C'est LE plat de résistance de tout Ch'ti après une dure journée de travail...

Ingrédients

50 g de beurre
1 kg de palero de bœuf
Oignon & Ail
1 Litre de bière jupiler
Thym, laurier, persil
2 cuillères à soupe de vergeoise
1 cuillère à soupe de vinaigre
6 tranches de pain
3 cuillères à café de moutarde
Sel, poivre

Préparation

- Couper la viande en gros morceaux.
- Prendre ensuite les différents oignons et les couper en rondelles. Hacher l'ail.
- Faire fondre une noix de beurre au fond d'une cocotte-minute, puis y mettre la viande afin de la saisir.
- Après avoir enlevé la viande du feu et l'avoir placée dans un plat, faire revenir les condiments dans le beurre baigné de jus de viande.
- Laisser brunir un moment, puis remettre la viande. Ajouter la vergeoise et le vinaigre tout en remuant. Verser le litre de bière et porter à ébullition.
- Couvrir à feu doux pendant une heure environ.
- Rajouter la moutarde sur les tranches de pain soigneusement découpées.
- Apposer le tout sur la carbonade, dans la cocotte. Laisser mijoter pendant une heure. Servir avec des pommes frites !

Le gratin de chicons (Arras, Douai)

« Eul chicon ch'est l'or deu ch'Nord.
(Les endives représentent un marché
en pleine croissance sur lequel
il faudrait absolument spéculer.) »

Bill Gates avant sa malencontreuse reconversion dans l'informatique

Un grand classique de la cuisine ch'ti, avec des produits locaux puisque les endives (chicons) poussent énormément dans le Nord...

Ingrédients

Huit chicons moyens
30 cl de jus de cuisson des chicons
30 cl de lait
8 Tranches de jambon dégraissé ou à l'os
Ail
40 g de beurre
10 cl d'eau
4 cuillères à soupe de farine
100 g de beurre
250 g de gruyère râpé
Sel, poivre, muscade

Préparation

- Cuire et braiser les chicons dans les 40 g de beurre et l'eau. Ajouter l'ail haché, saler et poivrer.
- Laisser cuire à feu moyen jusqu'à ce que les endives soient dorées. Faire longuement égoutter.
- Pour la sauce, faire fondre 100 g de beurre, ajouter la farine et mélanger.
- Verser le jus de cuisson, puis mélanger. Ajouter ensuite du lait sur le feu.
- Ajouter le gruyère, saler, poivrer et mettre la muscade.
- Etaler les tranches de jambon et y rouler les chicons.
- Recouvrir le tout de sauce et de gruyère râpé.
- Faire cuire au four pendant une demi-heure à 200 degrés.

Le hochepot (Le Touquet)

« L'hochepot cha colmate la panche deu galibot.
(Le hochepot est le plat le plus roboratif
que je connaisse, et j'en connais.) »

Cervantès en voyage de convalescence au Touquet
peu après la bataille de Lépante

Encore un plat bien roboratif qui a un grand avantage : celui de recycler les éventuels restes de la semaine ! Eh oui, le ch'ti est économe et débrouillard...

Ingrédients

500 g de porc
500 g de viande de bœuf
250 g de lard
50 g de margarine
1 cube de bouillon de bœuf
3 cuillères à soupe de farine de blé
1 cuillère à café de paprika
½ chou vert
6 navets
2 carottes
1 poireau
2 oignons
50 g de haricots blancs
6 pommes de terre
sel, poivre

Préparation

- Emincer les oignons, puis couper les différentes viandes (porc, lard et bœuf) en cubes.
- Dans une casserole, faire revenir le tout dans la margarine.
- Saler, poivrer et recouvrir d'eau.
- Laisser mijoter une demi-heure environ.
- Couper les légumes et ajouter à la préparation. Incorporer la farine pour lier la sauce.
- Mélanger le bouillon de bœuf et le paprika.
- Servir avec un bout de pain moutardé.

Les moules-frites (façon Braderie de Lille)

« Eun' broderie chans moul' frite,
che com un jardin chans fleu.
(Les moules-frites sont le symbole triomphant
de la belle fraternité ressentie durant
la grande Braderie de Lille.) »

René Descartes à Rumilly, juste avant la sieste
qui lui révéla son « cogito ergo sum », je pense donc je suis

Comment parler de nourriture ch'ti sans évoquer les fameuses moules-frites ? Préparez-les comme à la Braderie de Lille...

Ingrédients

3 kg de moules de bouchot
3 oignons
1 botte de persil
1 botte de céleri
1 gousse d'ail
60 g de beurre
Sel, poivre
1 citron
3 verres de vin blanc

Préparation

- Faire fondre le beurre dans une cocotte avec les oignons.
- Placer les moules dans la cocotte avec le céleri.
- Ajouter le vin blanc et l'ail pilé. Porter à ébullition.
- Poivrer, saler, puis laisser cuire 9 minutes.
- La cuisson est finie quand toutes les moules sont ouvertes. Ajouter le persil.

Le waterzoï (Calais, Marquette-lez-Lille)

« Waterzoï, waterzoï,
morne plat. »

René Goscinny

A la fois belge et nordiste, ce plat qui a le mérite de caler est considéré comme un petit joyau de la cuisine du nord de l'Europe. A déguster de toute urgence !

Ingrédients

1 poule de 1,5 kg
4 carottes
1 céleri
3 poireaux
3 oignons
1 bouquet garni
Ail
30 cl de crème
Poivre
2 jaunes d'œufs

Préparation

- Nettoyer et laver les légumes et les couper en morceaux.
- Faire bouillir deux litres d'eau et ajouter les légumes avec l'assaisonnement.
- Laver le poulet (ou la poule), le couper en morceaux et les ajouter au bouillon de légumes.
- Prélever quelques cuillères à soupe de bouillon pour délayer les jaunes d'œufs et la crème en tournant vivement.
- Retirer le waterzoï du feu et ajouter la crème.
- Verser le waterzoï dans un grand plat.
- Servir avec du riz.

La goyère au maroilles

« Eul maroilles cha n'sait point faire ed mal. (On parle de germes dans le maroilles, je mets au défi quiconque de me les montrer.) »

Louis Pasteur en voyage d'agrément à Watten

Le plus odorant des plats ch'tis, mais aussi un des plus goûteux ! Un véritable régal olfactif et gustatif...

Ingrédients

Pâte :

150 g de farine
1 œuf
60 g de beurre
1 pointe de sucre
1 pointe de sel
5 cl de lait tiède
10 g de levure fraîche

Garniture :

¼ de maroilles
40 g de beurre
10 g de fécule
1 œuf
Poivre, muscade

Préparation

La pâte :

- Mettre la levure dans le lait et délayer.
- Tamiser la farine, puis ajouter lait, sucre, œuf, sel et levure. Mélanger le tout avec la main pendant 10 minutes.
- Faire pénétrer le beurre dans la préparation. Ajouter une bière de 25 cl.
- Laisser lever la pâte une bonne heure.

La garniture :

- Passer au tamis le maroilles et le beurre et mélanger à la main.
- Mettre la fécule, l'œuf, puis le poivre et la muscade.
- Placer la pâte dans un plat à tourte.
- Laisser lever 20 minutes, puis verser la préparation.
- Faire cuire une demi-heure environ, à feu doux.

Bien évidemment, vous pouvez également rapporter de vos voyages de nombreuses spécialités culinaires de la région.

Si vous passez par Cambrai, achetez de bêtises : ce sont des bonbons très rafraîchissants faits depuis des siècles dans la ville ! Dans tout le Nord, pour le goûter, on se délecte également de gaufres en tous genres, surtout rôties au sucre roux, de Lille à Bruxelles.

Si vous n'avez pas peur de perdre vos dents, mâchez le très bon caramel à la cassonade nommé la « Babellute » ou, plus dur et aromatisé au café, les « Chuques du Nord ». Niveau alcool, à part la bière souvent produite dans les brasseries locales et parfois mélangée à la limonade du coin, un petit verre (avec modération) de genièvre conclut parfaitement un repas ou, mélangé au cassis, donne un « chuche-mourette », qui est connu pour ses vertus aphrodisiaques !

Et on en revient à ces fameux clubs échangistes qui émaillent le territoire du Nord-Pas-de-Calais. A croire que les Ch'tis sont obsédés ! A moins que ça ne soit moi ? Non, je ne pense pas…

UN CH'TI PEU DE CULTURE...

Si les mauvaises langues disent que le Nord n'est pas le lieu que les acteurs préfèrent pour venir y tourner (Al Pacino et Robert De Niro auraient refusé catégoriquement d'aller tourner un remake de *La Soupe aux choux* à Aire-sur-la-Lys), il n'en est pas moins vrai que le Nord possède sa propre filmographie dont voici une sélection non exhaustive et parfaitement partiale.

Le plus connu et plus récent d'entre les films traitant du Nord est, bien entendu, le succès mondial *Bienvenue chez les Ch'tis* dont je ne résiste pas au plaisir de glisser quelques répliques devenues cultes et que vous connaissez sans doute déjà (à moins que vous fassiez partie des 17 Français, le chiffre vient de l'INSEE, à n'avoir pas encore vu le film).

La Vie est un long fleuve tranquille

***Date de sortie* : 1988**
***Réalisateur* : Etienne Chatiliez**
***Acteurs* : Daniel Gélin, Benoît Magimel, Catherine Jacob, Patrick Bouchitey**

Dans une ch'tite ville du nord de la France, deux familles de niveau social différent cohabitent : les Groseille (les pauvres) et les Le Quesnoy (les riches). Entre « Lundi c'est raviolis » et « Jésus revient », le choc des cultures est énorme. Une comédie satirique dans un décor peuplé de corons et de bourgeoisie nordiste où l'intrigue se résume à une sorte de « Roméo et Juliette » version ch'ti.

***

La Vie de Jésus

***Date de sortie* : 1997**
***Réalisateur*: Bruno Dumont**
***Acteurs* : David Douche, Kader Chaatouf, Marjorie Cottreel**

Chronique d'une vie nordiste désespérée, à Bailleul, autour du café Au petit casino que tient Yvette et son fils épileptique, Freddy. Chaque dimanche, ils organisent des concours de « pinsonneux » et des dégustations de frites...

Les Convoyeurs attendent

Date de sortie : 1999
Réalisateur : Benoît Mariage
Acteurs : Benoît Poelvoorde, Dominique Bayens

Roger habite la banlieue de Charleroi. Son métier de photographe de faits divers pour la presse locale l'emmène parfois de l'autre côté de la frontière, avec son voisin colombophile ou son fils, qui s'entraîne au championnat du monde d'ouverture de porte. Une chronique touchante et drôle de la vie quotidienne du Nord et de la Belgique, avec ses majorettes et ses « coulonneux ».

***

Karnaval

Date de sortie : 1999
Réalisateur : Thomas Vincent
Acteurs : Sylvie Testud, Clovis Cornillac

Pendant le carnaval de Dunkerque, un drame a lieu entre la communauté ch'ti et les immigrés du quartier. Pourtant, malgré les différences, Larbi, un jeune Nord-Africain, va s'éprendre de Béa, une Ch'ti cent pour cent dunkerquoise qui n'a jamais quitté son Nord-Pas-de-Calais local... Un choc des cultures qui a séduit critiques et public.

***

Les Démons de Jésus

Date de sortie : 1997
Réalisateur : Bernie Bonvoisin
Acteurs : Thierry Frémont, Yann Colette, Patrick Bouchitey

Quelques mois avant Mai 68, les aventures de la famille Jacob, composée d'un père alcoolique, d'une mère au foyer, de deux frères arnaqueurs, d'un autre intello, du dernier qui se demande pourquoi il va à l'école et enfin d'une sœur trop belle pour eux.

Bienvenue chez les Ch'tis

Date de sortie : 2008
Réalisateur : Dany Boon
Acteurs : Kad Merad, Dany Boon, Zoé Félix, Jérôme Commandeur, Michel Galabru, Line Renaud, Stéphane Freiss

Un directeur de poste du sud de la France est muté dans le Nord-Pas-de-Calais suite à une fraude. Débarqué à Bergues sans sa famille, il se lie d'amitié avec Antoine, facteur et carillonneur du village. Au lieu de la pluie et du froid, il se découvre de nouveaux amis. Un succès populaire sans précédent dans le cinéma français, avec plus de 20 millions d'entrées !

Les phrases-cultes :

« L'hiver, la température, ça descend, ça descend,
-10, -20, -30, c'est le Nord... »

« Vous avez un mal à la mâchoire ?

- Non, j'ai mal à min cul ! »

« Quand on vient ach'Nord on braie deux fois :
quand on arrive et quand on repart. »

« On dit pas «pardonnez-moi, je n'ai pas compris
votre question», mais «heiiiiiiiin». »

« Bravo, biloute ! »

« On dit pas un con, on dit boubourse ! »

« Un hôtel à Bergues, achteure ? Vindious ! »

« Monsieur le directeur, bienvenue à Bergues.

- Oui, oui, on me l'a déjà dit. »

« Antoine, ferme l'bouque,
tin nez va querrer d'dins. »

Les cinq chansons de variétés incontournables dans le Nord :

« Les Corons », de Pierre Bachelet : une chronique belle et chaleureuse des gens du Nord. Une évocation de la mine devenue un véritable classique.

« Y a du soleil à Lille », de Ronnie Coutteure : ce vieux Ronnie évoque avec tendresse le soleil qui (parfois) brille sur la capitale nordiste. (*Y a du soleil à Lille comme à Bornéo ou à Capri.*)

« Eul' bibine à Frédo », de Ronnie Coutteure : une présentation de l'estaminet par un homme, grand biérologue devant l'éternel, qui connaissait les lieux à merveille.

« Mon père était tellement de gauche », des Fatals Picard : le Nord affirme son ancrage à gauche. (*Mon père était tellement de gauche que, quand est tombé le mur de Berlin, il est parti chez Casto pour acheter des parpaings.*)

« Y en a des biens », de Didier Super : un plaidoyer très personnel pour la tolérance, qui ne manque pas dans le Nord. (*Les alcooliques et les dépressifs, les présidents de la République, les escrocs et les pédophiles, y en a des biens…*)

Cinq livres qui évoquent le Nord :

MaternA, d'Hélène Bessette : cette auteure inconnue du grand public a pourtant été une figure de proue du nouveau roman. Son livre *MaternA* évoque avec puissance et colère la vie d'un internat dans le Nord.

Progénitures, de Pierre Guyotat : ce livre est une pure expérience littéraire (pour l'auteur et le lecteur). Pierre Guyotat, sur 800 pages, écrit un texte dans une langue rugueuse, inventée et pourtant très proche de la langue ch'ti.

Germinal, d'Emile Zola : une évocation parfaite et dramatique des luttes héroïques qu'ont menées les mineurs du nord de la France. Un pur classique.

Maria Vandamme, de Jacques Duquesne : prix Interallié 1983. Au temps des crinolines, alors que surgissent les somptueux grands magasins et les immenses usines, Maria Vandamme, jeune femme du Nord, belle et ardente, qui compte pour rien, aspire à devenir quelqu'un. Une fresque qui évoque le temps de la révolution industrielle.

La Chambre des morts, de Franck Thilliez : un thriller haletant mettant en scène deux paumés dans le Nord minier. Ce splendide roman a fait l'objet d'une adaptation au cinéma.

CINQ CÉLÉBRITÉS À ENVOYER EN STAGE À ROUBAIX-ARRAS-TOURCOING

1. Paris Hilton.
2. Carla Bruni.
3. Victoria Silvstedt.
4. Michael Jackson.
5. Rachida Dati.

FLAMINQUER CH'TI

(Lexique du Ch'ti)

Eul gars Chtaline, ch'qui flaminque,
j'comprins po un broc de chqui di.
(Joseph Staline et moi-même avons eu
quelques difficultés de communication durant
ces longues mais fructueuses négociations.)

Winston Churchill brocardant Joseph Staline
à la conférence de Houtkerque en 1943

Afin de parfaire votre connaissance du milieu Ch'ti, rien de tel qu'un vocabulaire vaste et varié (même si ça tourne toujours à peu près autour des mêmes choses, c'est-à-dire la bière, la bouffe et le sexe).

Voici donc un lexique des mots ch'tis les plus courants qui vous permettra de parer à toutes les situations que vous rencontrerez en milieu ch'ti.

A

A : au
Abloqueux : branleur
Aboïer : aboyer
Aboimint : aboiement
Abominap' : abominable
Acater : acheter
Ache : âge
Accorchu : tablier utilisé pour faire de la cuisine
Acoufter : s'habiller
Acouter : écouter
Affligé : mal en point
Agache : voleur
A l'aisse : à l'aise
Ajouquer : mettre à genoux
Alambic : cafetière
Alle : elle
Alloter : secouer
Amelle : armoire
Amicloter : changer un enfant
Amusette : fille de mœurs légères
Ape : arbre
Appoier : appuyer
Arbraquer : couper du bois
Archelle : garnement
Archiner : grignoter

Arcmincher : recommencer
Arconnaître : reconnaître
Arfoutu : re-foutu / remis
Arfuser : refuser
Arcommencer : recommencer
Arlaver : laver à nouveau
Arlever : relever
Armanger : finir les restes
Arluquer : reluquer
Armonter : remonter
Ardescendre : redescendre
Arplier : plier à nouveau
Arringer : arranger
Arvenir : revenir
Arvétier : regarder
Arvinger : se venger
Arsoule : arsouille, soulard
Assir : s'asseoir
Ach'theure : en ce moment
Auchi : aussi
Avantache : avantage

B

Babache : baiser
Bablute : connerie
Bache : flaque
Bafiousse : baver, dire des bêtises
Balle : wagon
Baller : boire
Baisse : embrasser
Bambé : banc
Barrette : couvre-chef d'un mineur
Barzine : bruine, pluie fine
Batiller : batailler
Bellot : beau
Bénache : heureux
Berdouiller : bredouiller
Berdoule : boue, fange
Berloquer : lancer, jeter
Berlou : personne dotée de strabisme
Bertelle : bretelle
Bertonner : protester
Bétal' : animal
Biclou : vélo
Bieau : beau
Biloute : sexe masculin
Bin : bien
Bintôt : bientôt
Bistoule : café alcoolisé
Biture : se saouler
Blérer (ne pas) : ne pas aimer
Bochu : bossu
Boïau rouche : originaire d'Arras
Bos : forêt, bois
Boteux : boiteux
Bouler : rouler
Bouque : bouche
Boutinette : nombril
Bout'lot : bidon
Bowette : couloir dans une mine
Bradé : beau parleur
Brader : gâcher
Braïette : braguette
Braire : pleurer, chouiner
Branque : imbécile
Brayou : qui pleure tout le temps
Brelle : imbécile
Bricoleux : mauvais bricoleurs
Bringuezingue : saoulard
Briquet : casse-croûte
Brein : déjection, grand désordre
Busier : penser

C

Cabaret : bar
Cabot : chien
Cachaloque : chiffonnier
Cache : cage
Cacher : chercher
Cacoule : idiotie
Cafouiller : se tromper
Cafouinette : blague
Cafu : ouvrière
Cahute : maison
Caillau : caillou
Campinch' : camping
Canchon : chanson
Candelle : chandelle
Canger : changer
Canter : chanter
Cale : châle
Capenoule : fêtard
Capieau : chapeau
Carbon : charbon
Carrette : voiture
Carrier : porter
Casaque : habit
Cachif : déjection
Cat : chat
Catoulle : chatouille
Cauchette : chaussette
Caudron : chaudron
Cauffer : chauffer
Cueurir : courir
Ches : les
Chi : ici
Chicon : endive
Chifflet : sifflet
Chinq : cinq
Chint : cent
Chirloute : jus de chaussette
Chirop : sirop
Choler: chahuter
Ch'ti : celui
Ch'timi : habitant du Nord
Chuche : boisson
Chucher : boire
Chuchette : sucette
Chuque : sucre
Cinse : intransigeant
Cirache : cirage
Clinche : clenche
Coco : garçon
Cocotte : fille
Commincher : commencer
Contint : content
Cosse : chose
Coulon : pigeon
Coquile : brioche
Cor : encore
Cordeonneux : accordéoniste
Coron : habitat des mineurs
Courti : potager
Crapé : sale
Cuberlire : pirouette
Cugire : choisir

D

Dache : clou
Dainne : sol
Dal : cochon
Dallache : bordel
Dedins : dedans
Débuquer : se sauver
Décampe : étage
Décafoter : fouiller
Dégoter : trouver
Dépiauter : dépecer
Deusse : deux
Détouiller : démêler
Djieux : bavard
Dijot : dire
Dins : dans
Dinser : danser

Dint : dent
Dintelle : dentelle
Dog : doigt
Drache : averse
Drissard : peureux
Drisse : peur
Ducasse : fête foraine
Duchmint : doucement

E

Ebouller : commencer
Ebrouer : laver
Enoquer : étouffer
Epouvinter : épouvanter
Equelle : échelle
Esquinter : abîmer
Eune : une
Ete : être
Etrot : étroit

F

Faijeux : faiseur
Farcé : en retard
Feniète: fenêtre

Féniesse : fenêtre dans une mine
Férale : ferraille
Fièfe : fièvre
Fier : fer
Fieu : fils
File : fille
Finquer : fumer
Finquère : fumée
Flahute : flamand
Foque : seulement
Fos : fois
Fouffe : fripe
Fouir : bêcher
Fourbi : bordel
Fraique : frais
Fréquenter : être fiancé
Frod : froid
Fromache : fromage
Fu : feu

G

Gaillette : charbon
Gaillolle : prison
Galibot : jeune mineur
Gamelle : bouche
Gampe : jambe
Garchon : garçon
Gardin : jardin
Gargotte : cuisine
Gins : gens
Glaine : poule
Gnognotte : rien du tout
Gougoutte: sein
Goulaffe : gourmand
Grind : grand
Grindmint : grandement, beaucoup
Guernoulle : grenouille
Guiffe : figure
Guince : biture

H

Habile : rapide, vite
Hayure : haie
Herpe : herbe
Heureusemint : heureusement
Heunête : honnête
Huche : porte

I

I : il
Ichi : ici
Ieau : eau
Imballer : s'énerver
Imberdouiller : souiller
Imbrasser : embrasser
Impêcher : empêcher
In : en
In : on
Indoulle : andouille
Infant : enfant
Infinquer : enfumer
Inglais : anglais
Inlancer : enlacer
Innuyer : ennuyer
Insimpe : ensemble
Interremint : enterrement
Intindre : entendre
Intrer : entrer
Invers : envers
Indroit : endroit
Invie : envie
Is : ils

J

Jatte : verre
Javelot : jeu traditionnel
Juer : jouer
Jus : café

K

Kermesse : foire
Keuche : chaussette

L

Laicher : laisser
Leu : leur
Leurmière : lumière
Li : lui
Lite : litre
Loque : vêtement abîmé
Louloutte : femme
Loupe : lèvre
Loutte : enfant
Lu : leur

M

Ma : mal
Maboul : idiot
Machon : maçon
Machuquer : souiller
Maguette : chèvre
Maîte : maître
Majon : maison
Malat : malade
Mape : bille
Mariache : mariage
Maronne : pantalon
Mate : fatigué
Meilleux : meilleur
Ménache : ménage
Meneux : conducteur
Méquette : jeune fille
Mette : mettre
Metteux : qui cause des problèmes
Mi : ne
Mi : moi
Mier : manger
Miler : surveiller
Min : mon
Minger : manger
Misérape : pauvre
Mitan : moitié
A mon : chez
Monieau : moineau
Morzif : soul
Moule : empoté
Moulinache : puits de mine
Mouque : mouche
Mouron : souci
Mucher : cacher
Musi : moisi

N

Nacher : nager
Nasié : enrhumé
Nasse : morve
Négresse : poêle à charbon
Neiche : neige
Nierf : nerf
Nin : non
Nou : notre
Nox : noix

O

O : on, nous
Oche : os
Œul : œil
Oijeau : oiseau
Orelle : oreille
Ortel : orteil
Oufe : ouvre
Ouvrer : travailler

P

Panche : ventre
Papoulle : bisou

Parint : parent
Parlache : langue
Parlotte : conversation
Patalon : pantalon
Patrouillard : tarte
Pauf : pauvre
Peimme-tierre : pomme de terre
Pichon : poisson
Pieau : peau
Pincher : penser
Pinsion : pension, retraite
Pirlouette : pirouette
Plaiji : plaisir
Porchiot : cochon
Poreau : poireau
Porion : chef
Pormener : promener
Possipe : possible
Potjevless : plat flamand
Pou : pour
Pouli : poulailler
Pourisse : salope, conne
Pourquo : pourquoi
Prinde : prendre
Prone : soul
Pus : plus

Q

Quate : quatre
Quemiche : chemise
Quiquette : sexe masculin
Quéquin : quelqu'un
Querpillon : trottoir
Querquer : porter

Quer : cher
Querrer : aimer
Querrer : tomber
Querrer : chercher
Quéva : cheval
Quien : chien
Quien mouton : caniche
Quier : chier
Quind : quand
Quinquin : enfant, zizi
Quo : quoi

R

Raccommodeux : mineur qui intervient dans les mines
Ramon : balai
Raton : crêpe
Raviser : épier
Reule : roue
Rin : rien
Rincontrer : rencontrer
Rinfoncer : renfoncer
Rintrer : rentrer
Ro : roi
Rijin : raisin
Rijin : jeune fille
Rope : robe
Rouche : rouge

S

Sache : sage
Saquer : tirer
Sauvache : sauvage
Saute à clinche : café serré
Seu : seul
Seulemint : seulement
Silicosse : silicose, poussière du charbon
Sieau : seau
Sin : son

Sins : sans
Sintir : sentir
Soufflette : ampoule, cal
Souglou : hoquet
Souli : chaussure

T

Taïon : arrière-grand-père
Taillette : jeton de mineur
Talle : chantier de cassage de charbon
Tape : table
Tchiot : petit
Tchiquet : un peu
Tchiul : cul
Tellemint : tellement
Téat : théâtre
Ti : toi
Tiète : tête
Timp : temps
Tiot : petit
Tototte : sein
Toubac : tabac
Toudis : toujours
Tro : trou
Tros : trois
Tubin : seau

U

U : où

V

Vaque : vache
Véyot : voir
Vielle : vieille
Villache : village
Vint : vent
Vinte : ventre
Vir : voir
Vote : votre
Vous : vos
Vraimint : vraiment

W

Wamme : poisson fumé
Wassingue : serpillière
Waterzoï : terrine typique

Z

Zis : yeux
Zo : baiser

Ce n'est qu'un au revoir, mes frères, ce n'est qu'un au revoir

Voilà, votre voyage en pays ch'ti s'achève à présent. J'espère que vous aurez pu apprécier la richesse, la sincérité et la gentillesse des Ch'tis. Leur humour aussi. Et leur faculté à lever le coude et à descendre une belle quantité de bière, bien évidemment. Maintenant que vous êtes instruits en langue, coutumes, et traditions ch'tis, vous pourrez aisément vous dire ch'ti. Si, si, vous en avez le droit. Promis.

Si vous réclamez votre certificat de ch'tiologie à l'Université de Lille, ils sont obligés de vous le donner maintenant que vous avez acquis les bases de la culture nordiste.

Parce que la vérité, c'est qu'être ch'ti, ça n'est pas seulement appartenir à une région, pas forcément être né à Armentières (pauvre mais fière) à Béthune ou à Arras, c'est avant tout partager des valeurs, un état d'esprit et beaucoup d'authentique gentillesse. Alors à bientôt, n'oubliez pas qu'il y aura toujours un café chaud et un coup de genièvre pour vous accueillir comme il se doit « à Ch'Nord » !

Dans la même collection :

- **L'intégrale de l'humour 2008**
  Gisèle Foucher

L'intégrale de l'humour 2008 :
la bible des histoires drôles
pour un grand éclat de rire
en famille ou entre amis.

2008 blagues pour se fendre la poire !